Hiwmor Tan y Bwlch

Emrys Evans, Blaenau Ffestiniog

Gwilym Morris, Llannefydd

John Hughes, Llangernyw

Argraffiad cyntaf: 2014

ⓗ y traddodwyr/Gwasg Carreg Gwalch

Rhif rhyngwladol: 978-1-84527-489-4

Mae'r cyhoeddwr yn cydnabod cefnogaeth ariannol
Cyngor Llyfrau Cymru

Cynllun clawr: Olwen Fowler

Cyhoeddwyd gan Wasg Carreg Gwalch,
12 Iard yr Orsaf, Llanrwst, Conwy, LL26 0EH.
Ffôn: 01492 642031 Ffacs: 01492 641502
e-bost: llyfrau@carreg-gwalch.com
lle ar y we: www.carreg-gwalch.com

Gair am y tri:

EMRYS EVANS: Roedd yn un o'r bobl wâr, eang eu diwylliant hynny, nad oedd yn unig â diddordeb mewn meysydd fel llên gwerin, byd natur, pysgota, hanes lleol, byd y chwarelwyr, straeon plant – ond hefyd yn cyfrannu'n ymarferol i bob un ohonynt. Cyhoeddodd nifer o lyfrau ac erthyglau ac roedd hefyd yn bencampwr ar draddodi darlith ac adrodd stori.

GWILYM MORRIS: Cofir am Gwilym fel arweinydd nosweithiau hynod o ffraeth a hwyliog. Gwasanaethodd y ffermwr difyr hwn o Lannefydd sawl mudiad a chymdeithas dros ardal eang rhwng dyffrynnoedd Conwy a Chlwyd. Roedd yn actor brwd ar lwyfannau pentrefi a chyfrannodd yn ogystal i nifer o ddramâu yn nyddiau cynnar S4C.

JOHN HUGHES: Mae sawl wyneb i frogarwch – mae'n cynnwys cynnal cymdeithasau, capel a gweithgaredd leol; mae'n cynnwys cadw'r cof am y gorffennol; mae'n cynnwys ymladd dros hawliau mewn cynghorau a phwyllgorau i sicrhau dyfodol llewyrchus i'r fro a'i phlant a'r Gymraeg. Gwnaeth y dreifar ambiwlans hwn o Langernyw hyn i gyd, ac mae ganddo hefyd amser i fwynhau hwyl a stori gyda gwreichionen lawen yn ei lygad.

Cynnwys

7

Cymeriadau'r Chwareli

Yn ystod blynyddoedd olaf yr 1970au a dechrau'r 1980au fe gyhoeddwyd nifer o gasgliadau o straeon doniol o wahanol ardaloedd y chwareli. Mae'n debyg eich bod wedi darllen rhai ohonynt – *Hiwmor y Chwarelwr* a hefyd *Myfyrion Hen Chwarelwr* gan J. D. Evans (Joni Iard), *Wagenaid o Straeon* gan O. R. Williams, *Hiwmor Dyffryn Nantlle* gan G. T. Williams a Iorwerth Thomas, *Glywsoch Chi Hon?* o ardal Bethesda a *Doniolwch Dyffryn Nantlle* gan Iorwerth Thomas. Dyna enwi rhyw ychydig ohonynt. Bûm yn gofyn i mi fy hun tybed pam y bu i'r casgliadau hyn ymddangos y naill ar ôl llall, a hynny mewn cyfnod cymharol fyr?

Ar ôl yr Ail Ryfel Byd ac wedyn ymlaen i'r pum degau a hyd yn oed i'r chwe degau, fe grebachodd ac edwinodd y diwydiant llechi fel nad oedd ond cysgod o'r hyn oedd yn flaenorol.

'Darfu'r hen chwerthinus gwmni,
Darfu'r byd oedd gynt ohoni.'

medda'r bardd yntê?

Â'r diwydiant wedi crebachu, beth a arweiniodd at gyhoeddi y llyfrynnau hyn yn yn yr 1970au?

Credaf mai un ffactor dros eu poblogrwydd oedd dyfodiad y papurau bro yn nechrau'r 1970au. Roedd y rhai a gyhoeddwyd yn ardaloedd y chwareli yn cynnwys llawer iawn o atgofion, hanesion a straeon am y chwareli.

Ond yn bwysicach o lawer na hynny, roedd elfen allweddol arall, sef i ymddeol o waith ddod yn rhywbeth cyffredin o'r 1940au ymlaen. Efallai bod angen i ni atgoffa'n gilydd mai peth cymharol ddiweddar ydi ymddeol. Rydan ni heddiw'n gyfarwydd iawn ag ymddeol ar gyrraedd rhyw oedran arbennig, ac rydan ni hefyd yn eithaf cyfarwydd ag ymddeol cynnar yn ystod y blynyddoedd diwethaf.

Ni ddaeth ymddeol yn rhan o batrwm bywyd hyd yr 1940au mewn difrif. Cyn hynny, roedd y gweithiwr cyffredin yn dal ymlaen efo'i waith tra medrai; henaint a gwendid yn unig oedd yn ei orfodi yn y diwedd i roi'r gorau i'w waith.

Rydw i'n cofio'n iawn rhai yn y chwarel y dechreuais i weithio ynddi – Edward Edwards y gof ac Edward Vaughan – i enwi dau ohonyn nhw. Roedden nhw yng nghanol eu saith degau, ac yn gweithio bob dydd – ac wedi gwneud hynny am dros dri'gian mlynedd, a hynny yn yr un chwarel.

Roedd ymddeol felly yn rhywbeth newydd a dieithr i'r genhedlaeth gyntaf yma o chwarelwyr. A phan ddaeth y chwarelwyr yma'n bensiynwyr ac i beidio â chyfarfod a chymdeithasu ar bonc y chwarel ac yn y Caban, roedden nhw'n dod at ei gilydd i fynd am dro yng nghwmni'i gilydd ac i gyfarfod â'i gilydd mewn rhyw adeilad yr oedden nhw'n dal i'w alw'n Gaban.

Dwi'n cofio'n iawn yn f'ardal i bod llond ffordd o chwarelwyr ar eu pensiwn yn mynd bob p'nawn braf a sych oedd i'w gael, i lawr y 'Ffordd Newydd' (fel y gelwid hi). Roeddent yn sgwrsio ac yn cymdeithasu efo'i gilydd. Pan oedd y tywydd yn anffafriol, roeddent yn cyfarfod mewn hen swyddfa oedd yn perthyn i un o'r chwareli oedd wedi cau, ac yn ei galw hi yn 'Gaban'. Fedran nhw ddim meddwl am yr un enw arall i'w roi ar yr adeilad hwnnw.

Beth oedd yn digwydd wrth iddyn' nhw gyd-gerdded a chyd-gyfarfod yn eu Caban? Sgwrsio – sgwrsio wrth gwrs am y chwarel yn bennaf – ei hanes hi, ei helynt hi, a'u profiadau nhw, y cymeriadau yr oedden nhw'n eu cofio, a straeon digri' a difri' oedd yn cael eu cyfnewid rhwng chwarelwyr o wahanol chwareli. A thu ôl i hyn, dwi'n credu, yr oedd yna rywfaint o chwithdod a hefyd hiraeth. Hiraeth a chwithdod am yr 'hen chwerthinus gwmni'.

Mae'r genhedlaeth hon o gyn-chwarelwyr wedi darfod amdani erbyn heddiw, a 'tydw i ddim yn credu y gwelwn ni fyth eto y math yna o bobol. Nac ychwaith y gwelwn ni fyth eto y math yna o gymdeithas – cymdeithas yr oedden nhw yn rhan ohoni, cymdeithas yr oedden nhw yn gyfrifol amdani.

Ai dyna tybed pam y cyhoeddwyd y llyfrynnau hyn, y casgliadau yma o straeon doniol yn ystod blynyddoedd ola'r saith degau a blynyddoedd cynnar yr wyth degau?

Mae'n siŵr eich bod chi'n gwybod, yn enwedig y chi sydd yn dod o ardaloedd y chwareli, fod yna rai straeon o'r chwarel sy'n gyffredin i'r gwahanol ardaloedd. Straeon ydi'r rhain, y rhan amlaf beth bynnag, sy'n enghreifftiau o ymateb parod y gweithiwr, a hynny ynglŷn â rhyw sylw mae rhyw swyddog, rhyw stiward, yn ei wneud. Dyma enghraifft neu ddwy.

Rydw i am ddechrau efo stori'r rhaw. Roedd rhyw labrwr yn y chwarel wrthi'n llwytho wagan efo rwbal ('rwbal' oedd enw'r chwarel ar wastraff). Wedi bod yn gwneud hynny'n egnïol iawn am beth amser dyma fo'n cymryd hoe bach i gael ei wynt ato. Ac fel y gwelsoch chi'n digwydd ar adeg o'r fath, pan oedd â'i bwys ar ei raw, pwy gerddodd heibio ond y stiward, ac yn gweld y dyn yn segura (yn ei farn o, o leiaf) ac yn deud yn ddigon sarrug wrtho,

'Laddodd y rhaw 'na neb erioed 'y 'ngwas i.'

'Ella wir,' medda'r dyn, 'ond ma'i 'di claddu miloedd' medda fo.

11

Ymateb parod, ymateb cyrhaeddgar.

Dyma enghraifft bach arall i chi o'r un math o stori –
Stori'r Smocio dwi'n galw hon.

Stori am labrwr unwaith eto a hwnnw eto yn llwytho
wagan efo rwbal. Roedd o wrthi'n egnïol efo'i waith ac yr
oedd o hefyd yn smocio, a cholofn o fwg yn codi o'i getyn.
Daeth stiward heibio unwaith eto a gweld y dyn yn gweithio
ac yn ei weld o'n mygu fel stemar. Dyma fo'n dweud wrtho
yr un mor sarrug ag yr oedd y llall wedi dweud wrth yr un
cyntaf,

'Tasa'r Bod Mawr wedi bwriadu i ti smocio 'ngwas i,
mi fysa 'di rhoi corn simna ar dy ben di.'

A'r chwarelwr yn ei ateb,

'Tasa'r Bod Mawr wedi bwriadu i mi ganlyn y wagan
'ma mi fysa 'di rhoi bach yn nhîn fy nhrowsus i hefyd.'

Dyna enghraifft o'r math o ymateb parod a oedd gan y
chwarelwyr i'r swyddogion ar adegau.

Hoffwn roi un enghraifft arall o'r math yma o stori sydd
yn gyffredin i wahanol ardaloedd y chwareli. Yn Chwarel yr
Oakeley – y chwarel danddaearol fwyaf yn y byd ar un adeg
meddan nhw – yn fan'no digwyddodd hyn, a hynny yn ystod
cyfnod Robat Roberts fel rheolwr. Gŵr manwl iawn ei
oruchwyliaeth oedd Robat Roberts, yn ôl beth oedd yn cael
ei ddweud.

Roedd pethau am ryw reswm neu'i gilydd, wedi mynd yn

ddrwg rhwng creigiwr (dyn oedd yn tynnu'r graig, oedd yn gweithio o dan y ddaear yng ngwaelod y chwarel) ac un o stiwardiaid y chwarel. O ddadlau, mi aethon nhw i anghydweld, ac o anghydweld mi aethon i ffraeo. Y diwedd oedd i'r creigiwr ddweud wrth y stiward am fynd i'r diawl. Wel dyma'r stiward i fyny i brif swyddfa'r chwarel i achwyn wrth Robat Roberts fod un o'r gweithwyr wedi'i regi. Galwyd y gweithiwr i fyny i'r brif swyddfa o flaen Robat Roberts i roi cyfri am yr hyn a ddigwyddodd. Gofynnodd Robat Roberts i'r creigiwr,

'Ddaru chi regi'r stiward?'

'Do. Fe dd'wedais i hynny,' medda'r creigiwr gan syrthio ar ei fai.

'Pam y gwnaethoch chi hynny?' medda Robat Roberts.

'Wel, mi rhegodd o fi,' medda'r gweithiwr am y stiward.

'Felly wir?' medda Robat Roberts, y rheolwr.

Ac yna fe ddywedodd wrth y creigiwr,

'Tydw i ddim yn fodlon i'r un gweithiwr regi fy swyddogion i. Dydw i ddim yn caniatau hynny yn y chwarel yma. Felly ma' gynnoch chi un o ddau ddewis – un ai'ch bod chi'n ymddiheuro i'r stiward, neu bo chi'n colli'ch gwaith. Dyna'r dewis i chi. Ydych chi'n barod i fynd i ymddiheuro i'r stiward?'

Cytunodd y creigiwr i ymddiheuro.

Allan â fo o'r swyddfa a chychwyn cerdded i lawr drwy'r chwarel i'w le gweithio yn grombil y mynydd. Rhywle ar y ffordd, digwyddodd daro ar y stiward yr oedd wedi ei regi yn y bore. Aeth ato a gofynnodd iddo,

'Wrthych chi y dywedais i'r bore 'ma am fynd i'r diawl, yndê?'

'Ia,' medda'r stiward yn reit dynn, ac yn sythu o'i flaen.

'Wel, does yna ddim 'isho i chi fynd yno wedi'r cwbwl.'

A chyda hynna o ymddiheuriad, fe aeth yn ei flaen at ei waith i lawr yng ngwaelod y chwarel.

Mae'r stori yna dwi'n gwybod yn cael ei dweud mewn mwy nag un o ardaloedd y chwareli. Ond mae'r ymateb parod yma, yr ymateb cyrhaeddgar yn nodweddiadol o'r chwarelwyr.

Math arall o ymateb yw un crafog, miniog yn aml – ydi'r rheiny yn hiwmor d'wedwch? Nid yw yn hiwmor bwriadol. Y bwriad ydi llorio rhywun, rhoi taw ar rhywun – 'rhoi caead ar ei bisar o', fel y byddwn ni'n dweud.

Dyma enghraifft neu ddwy o'r math yma i geisio egluro'r hyn sydd ar fy meddwl.

Cyn dyfodiad y peiriannau tyllu oedd yn cael eu gyrru gan aer wedi ei gywasgu roedden nhw'n arfer tyllu'r graig er mwyn ei thynnu gydag erfyn a elwid yn 'jympar'. Erfyn hir, trwm, tua saith troedfedd o hyd ydoedd ac un digon anodd i'w drin a'i drafod.

Yn Stiniog, roedden nhw'n gweithio dan ddaear yr adeg hynny wrth gwrs – wrth olau cannwyll, ac nid gorchwyl hawdd oedd tyllu'r graig dan amgylchiadau o'r fath. Roedd yna rai o'r gweithwyr yn ymhyfrydu yn eu gallu a'u medr i drin y jympar; ei drin a'i drafod fel eu bod nhw'n medru tyllu twll y gallech roi swllt gwyn i sefyll ar ei geg. Hynny yw, doedd ceg y twll ddim yn rywbeth blêr, agored. Roedd yna fedr a chrefft yn hyn.

Stori sydd gen i rŵan am greigiwr a oedd wrthi i lawr yn un o agorydd gwaelod yr Oakeley, ar waelod y clogwyn, yn yr agor, wrthi'n tyllu. Pwy gerddodd i mewn i'r agor ond y stiward. (Mae'r stiward yn dod i mewn i sawl un o straeon y chwarel.) Taflodd olau ei lamp o gwmpas i weld sut roedd pethau yn yr agor. Methodd a gweld dim y medrai feirniadu na thynnu sylw tuag ato.

Doedd na ddim llawer er pan oedd y stiward hwn wedi cael ei godi'n stiward; doedd o ddim eto wedi cynefino â bod yn stiward. Roedd y dyrchafiad yr oedd wedi'i gael yn dal i bwyso arno yn ôl y chwarelwyr. Wedi edrych o gwmpas yr agor fe daflodd olau ar y twll yr oedd y creigiwr yn ei dyllu. Erbyn hynny yr oedd y creigiwr wedi codi'r jympar allan o'r twll ac yr oedd yn pwyso arno gan ddisgwyl i'r stiward ddweud rhywbeth. Yn ddigon sarrug, fe ddywedodd y stiward,

'Ma' ceg y twll 'na'n fawr iawn gen ti.'

Beirniadaeth, wrth gwrs, ar ei waith fel creigiwr – fel crefftwr.

'Ella wir,' medda hwnnw'n ôl ac yn edrych ym myw ei lygad o,

'Ond mae hi'n geg reit ddistaw.'

Roedd y stiward wedi mynd o'i ffordd i feirniadu y creigiwr, ei dynnu o i lawr, ond mi ddaliodd y creigiwr hefyd ar ei gyfle i roi pegan iddo yntau.

Dyma enghraifft arall o'r math yma o stori – yr ymateb crafog a miniog. O Chwarel Llechwedd y mae hon yn dŵad.

Roedd hi'n ganol gaeaf ac roedd wedi bwrw rhai modfeddi o eira yn ystod y nos. Roedd gweithwyr y chwarel wedi cerdded drwy rai modfeddi o eira i fyny i'r bonc ble'r oedd swyddfa'r chwarel. Yno yr oeddent wedyn yn sefyll o gwmpas y swyddfa gan ddisgwyl i'r rheolwr ddod allan i ddweud wrthynt beth yr oeddent i'w wneud. Toc fe ddaeth allan a dweud wrth y gweithwyr,

'Smit!' medda fo.

'Rydych chi i gyd yn gwybod be ydi 'smit' yn tydach?

(Smit oedd gair y chwarel am fethu â gweithio. 'Smit dŵr' pan na fyddai digon o ddŵr yn yr haf; 'smit eira' yn y gaeaf pan oedd gormod o eira i fedru gweithio.)

'Smit,' medda fo.

'Ma' 'na ormod o eira i weithio'r chwarel heddiw.

Pawb adra, a'i threio hi fory.

Smit.'

Dyma Tomos Hughes, un o'r gweithwyr (Twm Bach Band fyddai pawb yn ei alw) yn cymryd arno'i hun i siarad ar ran y lleill, ac yn gofyn i'r rheolwr,

'Beth am i ni lanhau eira?' medda fo,

'Fasan ni'n medru gweithio o amsar cinio ymlaen wedyn.

'Dan ni wedi ymdrechu i ddod yma,' medda fo, 'drwy'r eira 'ma.

'Dan ni wedi stryffaglu i fyny yma.

Beth am i ni gael glanhau eira, a chael gweithio ymhellach ymlaen yn y dydd?'

Ysgydwodd y rheolwr ei ben,

'Na,' medda fo,

'Smit heddiw.

Pawb adra a'i thrio hi fory.'

Yna fe ychwanegodd 'Mi gaiff y Bod Mawr lanhau'r eira 'ma.'

Atebodd Twm Bach Band ar drawiad,

'Ro'n i'n meddwl mae ishio rywun i'w lanhau o am ddim yr oeddat ti'r diawl,' medda fo.

Ymateb llym yndê? Wel doedd y rheolwr ddim yn meddwl bod hyn yn ddoniol o gwbwl! Doedd yna fawr o wên ar ei wyneb o pan gafodd o honna gan Twm Bach Band yn sicr i chi!

Dyma enghraifft arall o'r math yma o stori – y stori grafog.

Roedd yna un dosbarth o weithwyr y chwarel (ac rydw i'n sôn rŵan am chwareli Stiniog) oedd dioddef yn fwy na'r un dosbarth arall o glefyd y llwch, a'r meinar, oedd hwnnw. Roedd eu gwaith yn golygu eu bod yn gorfod tyllu'r graig ac roedd hynny yn creu llwch mawr.

Roedden nhw hefyd yn gorfod gweithio mewn mannau cyfyng iawn, mewn lefelydd, mewn rwffiau ac wrth ledu llefydd cyfyng. Oherwydd y llwch a oedd yn codi o'r gwaith tyllu roedden' nhw'n anadlu'r llwch yn gyson yn ystod eu diwrnod gwaith.

Roedd yna feinar yn gweithio yn Chwarel Maenofferen a'r llwch wedi mynd i ddweud yn o ddrwg arno. Un bore yr oedd o'n dringo'r llwybr i fyny i'r chwarel, a hwnnw'n llwybr serth a throellog. Roedd ei gam wedi mynd yn fyr a'i anadl hefyd wedi mynd yn fyr. Roedd hynny'n golygu ei bod yn gryn ymdrech iddo ddringo i fyny i bonc y chwarel.

Pan oedd yn agosáu at ben ucha'r llwybr, dyma reolwr y chwarel yn dod o'r tu ôl iddo a mynd heibio. Rhyw greadur go heglog oedd hwnnw ac roedd o'n brasgamu heibio'r meinar bach yma. Fel roedd o'n gwneud hynny, dyma fo'n troi at y meinar a dweud wrtho,

'Dow,' medda fo, 'ma dy wynt di wedi mynd yn dew iawn.'

'Yr unig beth eith yn dew yn dy chwarel di,' medda'r meinar bach.

(Mae 'ngwynt i wedi mynd yn fyr,' fyddem ni'n ei ddweud heddiw, ond 'Mae 'ngwynt i wedi mynd yn dew' a glywais i bob amser yn yr hen ddyddiau.)

Roedd yna hwyl i'w gael wrth i'r straeon yma gael eu hadrodd yn y Caban neu ymhlith criw o chwarelwyr.

'Glyw'ist ti am Twm Bach Band yn ei rhoi hi i Dafydd Dŵr Oer?'

'Glyw'ist ti am Ned Meinar Bach yn sodro Dafydd Cymerau yn ei wendid?'

'Glyw'ist ti am Wil John yn rhoi pegan i'r stiward bach newydd 'na?'

Roedd yna hwyl a chwerthin braf wrth glywed y math yma o stori yn cael ei hadrodd a'i hail-adrodd drosodd a throsodd.

Mae yna nifer o straeon chwarel sy'n ymwneud â chwarae ar ystyr gair. Dyma rhyw enghraifft neu ddwy o straeon o'r fath.

Roedd tri o chwarelwyr yn digwydd bod adre'n sâl ac wedi gwella digon i fedru mynd allan am dipyn o wynt. Un p'nawn braf aethant allan, y tri efo'i gilydd i ystwytho tipyn ar eu cymalau ar ôl y caethiwed o fod yn y tŷ cyhyd. Wrth iddynt gerdded i lawr y stryd daeth un o weinidogion y dref i'w cyfarfod. Arhosodd efo nhw a gofynnodd yn ddigon naturiol,

'Cwyno rydach chi?'

Atebodd un o'r tri,

'Cwyno mae'r ddau yma.' medda fo, 'Ond diodda'n ddistaw yr ydw i.'

Roedd y chwarae ar ystyr gair yn digwydd weithiau, nid yn fwriadol, ond o gam-ddeall pethau. Dyma i chi stori sy'n gyffredin i fwy nac un o ardaloedd y chwareli, ond yn stesion LMS y Blaenau y digwyddodd hi cyn belled ac y mae ardal Stiniog yn y cwestiwn.

Roedd yna chwarelwr nad oedd yn gyfarwydd iawn â mynd efo'r trên, yn arbennig siwrna bell. Un dydd Sadwrn diwedd mis, pan oedd ganddo ddiwrnod llawn iddo'i hun, penderfynodd y byddai yn mynd cyn belled â Lerpwl.

Aeth at y twll bach ble'r oedd tocynnau i'w cael a gofynnodd i'r clerc,

'Tocyn i Lerpwl ac yn ôl, os gwelwch chi'n dda,' medda fo.

Estynnodd y clerc docyn, ac wrth ei roi iddo a chymryd y sofran yr oedd y chwarelwr yn ei estyn,

'Dyna chi Robat Jôs,' meddai, 'Tocyn i Lerpwl ac yn ôl. Newid yng Nghaer,'

'Aros di funud,' medda'r chwarelwr. 'Dwi isho'r newid rŵan!'

Camgymryd anfwriadol, yndê.

Roedd yna chwarae ar ystyr gair weithiau a thipyn o gellwair bwriadol. Dyma stori o'r Graig Ddu. Roedd y Graig Ddu yn un o'r ychydig chwareli yn Stiniog ble'r oedd yna ran helaeth ohoni yn cael ei gweithio allan yn yr awyr agored. Oherwydd hynny, roedd y tywydd yn effeithio'n arw ar ei gweithio.

Un diwrnod, roedd hi'n bwrw glaw'n ddrwg ofnadwy. Doedd dim synnwyr mewn gweithio allan yn y fath dywydd ac roedd y gweithwyr i gyd wedi mynd i'r Caban i 'mochal, ac i ddisgwyl iddi wella fel y gallent fynd ymlaen a'u gwaith.

Pob rhyw hyn a hyn, mi fyddai rhywun yn mynd at y drws ac yn ei agor i edrych allan i weld a oedd pethau'n gwella. Ond yr un ateb a fyddai bob tro pan fyddan nhw'n holi,

'Sut mae hi?'

'Tydi hi ddim ffit. Tydi hi ddim ffit.'

Ymhen sbel, mi aeth un o'r labrwyr, Preis Jôs wrth ei enw (yr Hen Breis fel y byddent yn ei alw) i'r drws. Cil-agorodd y drws ac edrych allan, a dyma rywun o ben pella'r Caban yn gweiddi arno,

''Di hi'n well Preis?'

'Ydi,' medda Preis.

Dyna ymysgwyd, gwisgo legins oel, cotiau oel, a rhoi hen sachau dros eu hysgwyddau i fod yn barod i fynd allan. Aeth un ohonynt at y drws a'i agor ac edrychodd allan.

'Y Nefoedd Fawr,' medda' fo,

'Tydi hi ddim mymryn gwell.

Mae'n waeth os r'wbath.'

A dyma fo'n troi at Preis,

'Be 'di dy feddwl di,' medda fo, 'yn deud 'i bod hi'n well.'

'Wel dyna o'n i'n feddwl,' medda Preis,

'Mae'n bwrw'n well!' medda fo.

Clywais y stori nesaf o Lanberis; rydw i'n trio peidio cyfyngu'n hun yn gyfan gwbl i ardal Stiniog.

Roedd un o weithwyr y chwarel yn colli'i waith yn aml – colli diwrnod, colli dau ddiwrnod, a hynny'n aml iawn. Ymhen amser, collodd y stiward ei amynedd efo'r gweithiwr hwn a dyma fo'n dweud wrtho,

'Yli, y tro nesa' y byddi di'n colli, mae'n rhaid i mi gael papur doctor, i dystio dy fod ti yn sâl.'

Un 'gwlyb' ofnadwy oedd y gweithiwr yma, fel byddwn ni'n dweud. Roedd o'n diota'n o drwm a dyna oedd y rheswm dros iddo golli'i waith mor aml – diwrnod neu ddau ar y tro.

Ar ôl cael y rhybudd hwn gan y stiward fe gadwodd efo'i waith am ryw bythefnos. Yna, fe gollodd ddau ddiwrnod. Pan ddaeth yn ôl i'w waith rhoddodd bapur doctor i'r stiward. Edrychodd hwnnw arno; gweld bod yr enw a'r cyfeiriad yn iawn. Gyferbyn â'r gair 'Salwch' yr oedd wedi nodi bod y dyn yn dioddef oddi wrth *'syncopation'.*

Methodd y stiward a deall beth ar ddaear oedd hynny. Pa salwch oedd peth fel hyn? Aeth i'r swyddfa a throdd at ei eiriadur er mwyn edrych beth oedd ystyr y fath air. Daeth o hyd i'r gair *'Syncopation'* a'r diffiniad oedd *'Constantly moving from bar to bar'*!

Roedd y doctor yn amlwg yn adnabod ei 'dderyn ac wedi cael ei hwyl bach ei hun ar gorn hwnnw!

Fe fyddai aml i un a oedd yn gweithio yn y chwarel yn un da am drwsio clociau a watsys. Roedd yna ddyn felly yn y chwarel ble y dechreuais i weithio ynddi. Wrth gwrs, yr oedd yr hobi bach yma o drin clociau a watsys yn dod ac ambell i chwechyn a swlltyn, a weithiau pishyn deuswllt, i'r trwsiwr. Roedd hynny'n rhywbeth bach ar ben cyflog y chwarel wrth gwrs, ac yn ddigon derbyniol.

Un diwrnod fe ddaeth chwarelwr â wats i gael ei thrin gan y trwsiwr. Ymhen ychydig ddyddiau fe'i cafodd hi'n ei hôl, wedi'i glanhau, ac wedi'i oelio ac yn tincian fel cloch.

'Dyma hi i ti,' medda'r trwsiwr.

'Diolch i ti,' medda hwnnw, a'i rhoi hi wrth ei glust i wrando ar ei thic.

Wnaeth o ddim sôn am dalu. Dim hyd yn oed gofyn faint oedd y gost.

Aeth wythnos heibio... dim sôn am dalu. Pythefnos, tair wythnos... pedair wythnos. Doedd dim golwg ei fod am dalu.

Wedi iddi droi mis, dyma'r trwsiwr yn mynd at y chwarelwr ac yn gofyn iddo fo sut oedd y wats yn mynd.

'Iawn,' medda'r chwarelwr,

'Ma' hi'n mynd yn iawn' medda fo.

'Runig beth ydi 'i bod hi'n rhyw dueddu i ennill braidd.'

'Felly?' medda'r trwsiwr yn sychlyd wrtho fo,

'Biti na fysa' hi'n ennill digon i dalu am ei thrwsio.'

Dyna ddigon am straeon sy'n chwarae ar ystyr gair a'r straeon ymateb parod.

Yn y chwareli, fe fyddai llawer un oedd yn gastiog iawn. Roedd gofyn i chi fod yn ofalus, ar eich gwyliadwriaeth yn barhaus a dweud y gwir, rhag i chi fod yn wrthrych rhyw ddynnu coes slei neu'i gilydd, a hynny'n aml iawn heb i chi fod yn gwybod eu bod nhw wrthi.

Dyna ddigwyddodd i ddynes ar Stryd Fawr y Blaenau un p'nawn Sadwrn.

Chwarelwyr o'r Oakeley oedd Dafydd Wiliam a John Huws; roedd y ddau'n adnabod ei gilydd ers pan oeddent yn hogiau ysgol. Roedd y ddau wedi gweithio yn yr un felin, ar yr un bonc yn yr un chwarel ar hyd y blynyddoedd. Roedden nhw'n hen lawiau... a'r ddau mor gastiog â'i gilydd.

Ar ôl eu gwaith un bore Sadwrn, fel llawer iawn o weithwyr y chwareli, roedden nhw wedi mynd gartref i newid o'u dillad gwaith ac yna wedi dod yn ôl i'r Blaenau. Roedd un ohonyn nhw, Dafydd Wiliam, yn sefyll o flaen siop Boots y fferyllwyr ar ochor Stryd Fawr. Daeth John Huws i lawr y stryd tuag ato a gofynnodd iddo – fel petai o'r dyn mwyaf diarth dan haul iddo fo,

'Esgusodwch fi, medda fo.

'Fedrwch chi ddim dweud wrtha' i ymhle mae siop Boots os gwelwch yn dda?'

'Medraf 'yn Tad,' medda Dafydd Wiliam, yr un mor foesgar wrtho yntau.

'Dacw hi yn fan'cw,' medda fo, a dyma fo'n cyfeirio John Huws ar draws y stryd at siop 'sgidiau Turners.

Yn sefyll wrth eu hyml ac yn gwrando ar hyn â'i cheg yn agored, roedd yna ryw ddynes ddieithr. Pan glywodd hi ateb Dafydd Wiliam i John Huws, dyma hi at y ddau,

'Peidiwch â gwrando ar y dyn,' medda hi wrth John Huws.

'Dyma hi siop Boots, y tu ôl i chi fan hyn.'

Trodd John Huws at y wraig,

'Diolch yn fawr i chi, Missus,' medda fo, gan dreio cadw wyneb wrth gwrs, 'Ro'n i'n meddwl mai wyneb dyn celwyddog oedd gan y dyn yna,' meddai am Dafydd Wiliam.

Wedi rhoi edrychiad ddeifiol i Dafydd Wiliam dyma'r wraig yn ei phadlan hi oddi wrthynt i fyny'r stryd. Wrth ei hosgo a'i cherddediad roedd yn amlwg yn meddwl ei bod hi wedi rhoi un dyn yn ei le y p'nawn hwnnw! A dyna ble'r oedd y ddau chwarelwr castiog yn sefyll ochor yn ochor, yn ei gwylio hi'n mynd i fyny'r stryd, ac yn chwerthin yn braf.

'Wedi gwneud rhywun eto'n do?'

Roedd y wraig druan yn hollol yn y niwl, 'doedd hi dim yn deall mai tynnu coes oedd y cwbl!

Roedd y Gymanfa Ganu yn ddigwyddiad pwysig a phoblogaidd iawn yn Stiniog. Fe fyddai yna ymarfer mewn cyfarfodydd canu, Gobeithluoedd ac yn y blaen, drwy fisoedd yr hydref a'r gaeaf i baratoi ar gyfer y Gymanfa.

Yng Nghapel y Rhiw y cynhelid cymanfa ganu y Methodistiaid fel arfer. Uchafbwynt y Gymanfa oedd y cyfarfod ar y nos Sadwrn. Mae stori am un gymanfa arbennig pryd yr oedd mynd da ar bethau. Ar gyfer y cyfarfod gyda'r nos yr oedd y capel yn orlawn gyda channoedd o bobol yno.

Ar flaen yr oriel (y galeri) yr arferid cael hufen y cantorion; yn y fan honno yr oedd y lleiswyr gorau – y notars fel y byddem yn eu galw. Roedd ganddynt fisoedd lawer o ymarfer y tu ôl iddyn nhw mewn cyfarfodydd canu ac yr oeddent yn barod am y noson fawr.

Wedi iddynt ganu rhai o'r emynau i dorri'r garw, aed i'r

afael ag un o'r gweithiau gosod (mewn rhaglen cymanfa y mae yna un neu ddau o weithiau mwy heriol).

Aethant drwy'r rhan gyntaf yn ddi-dramgwydd a'r arweinydd i'w weld yn cael ei blesio'n iawn. Yna roedd tipyn o saib yn y gerddoriaeth cyn mynd ymlaen i'r rhan nesaf ac yr oedd y cantorion ar flaenau eu traed yn barod i ddod i mewn yn yr amser cywir.

Gyda distawrwydd llethol drwy'r capel i gyd, dyma glywed rhywun ar flaen y galeri yn cychwyn o flaen ei amser!

'Y...' medda fo,
Roedd wedi taro'r nodyn cyn ei amser!

Edrychodd yr arweinydd ar y galeri fel teigar!

Roedd pennau'n troi o bob cyfeiriad i edrych i fyny at y galeri i weld pwy oedd wedi gwneud y fath gamgymeriad. Roedd y rhai a oedd yn eistedd o dan y galeri yn ymestyn ymlaen i drio cael gweld.

Drwy hyn i gyd, arhosodd y sawl a oedd wedi gwneud y camgymeriad yn hollol hunanfeddiannol a throdd at y dyn agosaf ato ac edrych arno ... a daliodd i edrych arno.

Pwy oedd hwnnw ond cymeriad o'r ardal a oedd yn cael ei adnabod fel John Owen, 'Rhen Hafod. Wrth weld yr holl lygaid arno, dyma hwnnw'n dechrau mynd i wingo ac i anesmwytho mwy a mwy.

'Edrycha i rhywle arall y cythra'l!' meddai wrth y dyn agosaf ato.

Ond roedd pawb wedi gweld yr Hen Hafod yn anesmwytho ac yn mynd i'w gilydd ac y fo felly oedd yn cael y bai am y camgymeriad. Roedd y dyn arall yn gwbl hunan-feddiannol!

Chwarelwyr oedd y ddau ac fel y byddech yn disgwyl, nid dyna fyddai diwedd y stori! Roedd pethau am barhau yn y chwarel y dydd Llun canlynol a daliwyd i drin yr Hen Hafod yn hollol ddi-drugaredd yn fan honno.

Y 'Cantwr Mawr' – un o fois blaen y galeri wedi gwneud camgymeriad! Roedd pawb am dynnu arno'n. Nid oedd maddeuant i fod!

Dyna enghraifft i ddangos mor gastiog yr oedd chwarelwyr yn gallu bod.

Un o hoff gastiau y chwarelwyr oedd tynnu coes a gwneud tipyn o ffŵl o'r rhybelwr bach. (Rhybelwr – yr oeddech yn cychwyn yn y chwarel fel rhybelwr bach, hynny yw, fel prentis i ddysgu bod yn chwarelwr).

Roedd yna hogyn bach ar ei ddiwrnod cyntaf yn y chwarel. Roedd wedi ei gymryd gan hen chwarelwr, Robat Jôs wrth ei enw. Dyma'r bychan yma, rhyw bedair ar ddeg oed, yn ei ddiniweidrwydd, yn dweud wrth Robat Jôs,

> 'Ma' nhad yn dweud wrtha' i Robat Jôs,' medda fo, yn reit barablus 'am fod yn ofalus iawn, achos ma'r hen chwarelwrs 'ma yn rhai drwg. Mi chwareuan nhw gast arnach chi ar unrhyw esgus.'
>
> 'Ma' dy dad yn llygad ei le 'ngwas i,' medda Robat Jôs wrtho gan nodio'i ben.

'Mae o wedi rhoi cyngor gwerth chweil i ti. Rhai drwg ydi'r hen chwarelwrs 'ma 'sti,' meddai, yn union fel nad oedd o yn un ohonyn nhw.

'Ia ynte, Robat Jôs,' medda'r bychan.

'Ia 'ngwas i. Cofia be' ma' dy dad ti wedi 'i dd'eud wrtha ti. 'Paid â choelio pob peth mae'n nhw'n i dd'eud.'

'Wnaf fi ddim, Robat Jôs.'

'Dyna chdi 'ngwas i,' medda fo, 'Paid ag anghofio.'

'Wna' 'i ddim, Robat Jôs,' medda' fo.

'Wel,' medda Robat Jôs, 'Mae'n well i ni ddechra' gwneud rhywbeth.'

Trodd at y darn llechfaen oedd wrth ei draed a'r rhybelwr yn dynn wrth ei sodlau.

'Ma'n rhaid i ni roi twll yn hwn cyn y medrwn ni wneud dim byd ohono fo. F'asat ti ddim yn mynd i'r efail i mi? Gofyn i'r hen o' a gaf fi fenthyg ebill deu-dwll wnei di?'

'Gwnaf fi, Robat Jôs,' meddai yn ei ddiniweidrwydd.

A ffwrdd â fo ar ei siwrne gyntaf, ar ei fore cyntaf... ar ei siwrne seithug gyntaf! Ond nid hon fyddai'r siwrne ola' o'i bath iddo yn siŵr i chi!

Roedd dysgu o brofiadau o'r fath yn gam cyntaf i ddŵad yn rhan o'r gymdeithas unigryw honno oedd yn bodoli ar bonciau'r chwarel. Cymdeithas unigryw...

Yn y chwarel yr oeddwn i yn gweithio ynddi roedd yna gymeriad arbennig – Robin C'radog fyddem ni'n ei alw (ond Robert Caradog Roberts oedd ei enw iawn) ac roedd sawl stori yn cael ei hadrodd amdano.

Un bychan oedd Robin, ysgafn, bywiog a hwyliog iawn, ac yn un o'r cymeriadau y byddech yn eu disgrifio fel un 'diri-dano'. Un tro yr oedd Robin C'radog wedi brifo'i droed wrth ei waith ym mhen uchaf un y chwarel ble'r oedd o'n gweithio. Rhoddwyd Robin ar stretsiar a chariodd criw o'i gydweithwyr ef gartref.

Roedd hynny'n golygu ei gario i lawr tair inclên hir ac yna rhyw hanner milltir o droed yr inclên isaf at ei gartref. Pan ddaethant o fewn hanner-can-llath i'r tŷ lle'r oedd yn byw, dyma Robin yn dweud wrth y rhai oedd yn ei gario,

> "Rhoswch hogia,' medda fo, "Rhoswch. Rhowch fi lawr yn 'fan'ma.'

> 'Duwch, does gennym ni ddim gwerth o waith dy gario di eto Robin,' medda un o'r criw.

> 'Na wir,' medda Robin, 'Rhowch fi lawr yn fan'ma hogia. Dyna sy' ora 'chi.'

Rhoddodd y criw y stretsiar i lawr a chododd Robin oddi arno a dechreuodd hoblan am y tŷ, gan ddweud wrthyn nhw,

> "Tasa Meri (ei wraig oedd Meri wrth gwrs), 'Tasa Meri'n meddwl 'mod i wedi marw, Mi fysa hi'n fy lladd i!' meddai.

'Doedd Robin ddim y mwyaf goleuedig o Chwarelwyr Diwylliedig Gogledd Cymru!

Dro arall, fe wnaeth yr hen Robin C'radog dipyn o sôn amdano'i hun pan aeth i weld drama yn yr hen Neuadd Ymgynnull (yn ôl yn yr 1920au). *Y Crocbren* oedd enw'r ddrama. Uchafbwynt yr holl beth oedd bod rhywun yn cael ei grogi ar y llwyfan.

'Tydw i ddim yn gwybod beth arall oedd yn digwydd ar y llwyfan ond yr oedd Robin C'radog wedi ymgolli'n llwyr yn y ddrama. Roedd â'i holl fryd a'i holl feddwl ar beth oedd yn digwydd ar y llwyfan.

Pan oedd y ddrama'n symud i'w huchafbwynt, gyda'r crogi ar ddigwydd, roedd y lle'n berffaith ddistaw er bod cannoedd yno yn y gynulleidfa.

Yn araf, ddramatig fe symudodd y crogwr ar draws y llwyfan ac at y crocbren. Gafaelodd yn y rhaff gyda dolen ar ei blaen, i'w rhoi dros ben y sawl oedd i gael ei grogi. Neidiodd Robin C'radog ar ei draed yng nghanol y gynulleidfa a gwaeddodd dros y lle,

> 'Os 'wnei di roi y rhaff 'na am ei wddw' fo y diawl, mi fydda' i yna efo chdi!'

Cafodd 'rhen Robin ei atgoffa o hynna am yn hir iawn wedyn!

Dyma stori bach arall am y cymeriad arbennig hwn. Roedd Robin yn mynd gartref o'r chwarel un diwrnod.

Roedd wedi dod i lawr y dair inclên ar ei gar gwyllt. (Car gwyllt – y cerbyd bach unigryw yna oedd gan chwarelwyr Graig Ddu i ddod o'u gwaith.)

Wedyn roedd gan Robin rhyw hanner milltir o waith cerdded nes cyrraedd ei dŷ. Wel, roedd Robin yn mynd yn-fân-ac-yn-fuan i lawr y stryd a daeth at geg y ffordd i Gae Clyd ble'r oedd yn byw. Ychydig cyn iddo droi am y ffordd, stopiodd car yn ei ymyl a gwthiodd rhyw Sais ei ben allan drwy'r ffenestr. Gofynnodd i Robin,

'*Can you tell me where I am?*'

'Yn y car,' medda Robin wrtho!

Fe gym'rodd yr hen Sais y peth yn iawn. Chwerthodd o waelod ei fol ac wedi dipyn mwy o sgwrs efo Robin a chael gwybod yn iawn ble yr oedd o a pha ffordd i fynd i lle bynnag oedd o am fynd, fe roddodd hanner-coron yn llaw Robin.

Hanner coron! Yr adeg hynny, pedwar swllt a phum ceiniog oedd cyflog diwrnod yn y chwarel! Felly, roedd Robin, wrth gael yr hanner coron, yn cael mwy na 'hanner stèm'.

Y noson honno fe fras-gamodd Robin i fyny i Gae Clyd at Meri (y wraig) a'r plant, i gael swper chwarel, a thrafod beth i'w wneud efo'r ffortiwn oedd yn ei boced.

Dyma stori bach am gymeriad arall. Roedd yna gymeriad arbennig yn gweithio'n Chwarel y Lord. Robat Jôs oedd ei enw, ond Yr Hen Gwpwl roedd pawb yn ei alw.

Roedd gan Robat Jôs ddwylo mawr, rhai anghyffredin o

fawr; dwylo fel rhawiau fel byddan ni'n dweud! Ar un cyfnod
o'i fywyd, yr oedd wedi bod yn ddyn dipyn yn arw ei ffordd.
Bygythiad Robat Jôs bob amser pan oedd pethau'n dechrau
poethi rhyngddo fo a rhywun arall oedd,

 'Mi roi i gwpwl o glewts iti.'
Dyna fydda'i fygythiad bob amser. Pe byddech chi'n cael
'cwpwl o glewts' efo'r dwylo mawr yna, mi fyddech chi'n
gwybod eich bod wedi cael rhai!

 Fe gafodd Robat Jôs Ddiwygiad, ac fe ddofodd cryn
dipyn. Ar ôl hynny, fe aed i'w alw yn 'Yr Hen Gwpwl', yn
hytrach na'i fod yn Robat Jôs Cwpwl o Glewts.

 Un tro, fe anfonwyd Robat Jôs i Ffair Cricieth i brynu
ceffyl i weithio yn y chwarel. Roedd yna lawer iawn o
geffylau yn cael eu defnyddio yn y chwareli yr adeg hynny i
dynnu'r wagenni.

 Aeth Robat Jôs i'r Ffair ac fe gafodd geffyl a'r bore wedyn
aeth â'r ceffyl i fyny i'r chwarel ac at y swyddfa i'w ddangos
i'r rheolwr. Daeth hwnnw allan a cherddodd o gwmpas y
ceffyl gan edrych drosto. Yna gofynnodd i Robat Jôs.

 'Ma'n edrych yn iawn i mi,'
 'Fedar o dynnu Robat Jôs?'
 'Tynnu...' medda Robat Jôs. 'Mi dynna' hwn dwrna o
 berfadd Uffarn!'
Ni fedrai Robat Jôs ddim meddwl am ddim byd anoddach i'r
un ceffyl ei wneud na hynny!

Roedd y chwarel yn lle da (neu le drwg!) am lys-enwau Robat Jôs Cwpl o Glewts yn un, dyma rai eraill a ddaw i'r meddwl yn sydyn – Wil Wagan Fflat, Dafydd Dau Dun Bwyd, Now Bach Bow Window, Wil Bol Fflocs, Guto G'leuo Mellt.

Guto G'leuo Mellt – fel dwi'n deall, wedi cael yr enw gan y chwarelwr, am ei fod yn gwisgo esgidiau hoelion mawr a'i fod yn cerdded mor sydyn ar hyd y stryd nes bod ei sgidia'n gwreichioni!

Rwyf newydd adrodd un stori wrthych sy'n sôn am dwrnai. Does yna ddim llawer o straeon chwarel ble y mae yna sôn am dwrnai, ond caf fy atgoffa am hon sy'n dod o ardal Dyffryn Nantlle.

Roedd chwarelwr o Ben yr Orsedd wedi cael damwain wrth ei waith, tamaid o graig wedi ei daro'n ei ben, ac fe fu'n rhaid iddo fynd gartref. Bu gartref am wythnosau lawer cyn dechrau dod ato'i hun. Wedi iddo ddod yn ddigon da, cafodd alwad i swyddfa'r twrnai i drin a thrafod yr iawndal yr oedd i'w gael yn dilyn y ddamwain. Aeth i'r swyddfa a darllenodd y twrnai o ryw ddarn o bapur a oedd ganddo,

'Swm yr iawndal gan y chwarel i chi ydi ...', meddai, ac yn enwi swm arbennig. 'Fy nghostau cyfreithiol i ynglŷn â'r holl achos ydi ...', meddai wedyn.

'Mae hynny rŵan yn gadael i chi,' medda fo wrth y chwarelwr, 'y swm arbennig o ...'

Wrth i'r twrnai fynd drwy'r papur a'i ddarllen, dechreuodd y chwarelwr grafu ei ben, a daeth golwg dipyn yn ddryslyd drosto. Sylwodd y twrnai ar hyn, a gofynnodd iddo,

'Os 'na r'wbath o'i le Robat Jôs? Rhywbeth ydych chi ddim yn ei ddallt?'

'Na,' medda Robat Jôs,

'Diawl. Meddwl o'n i rŵan,' meddai wedyn. 'Wrth dy glywad ti'n darllan hynna. Ynteu chdi 'ta fi gafodd ei daro'n ei ben.'

Un o'r pethau na fyddai yr un chwarelwr yn gallu ei osgoi, os oedd yna rywfaint o ruddin ynddo, oedd rhoi pegan i'r stiward.

Roedd yna rai o'r stiwardiaid 'wedi cael eu codi' – wedi cael dyrchafiad i fod yn swyddog, ac yr oedd hynny wedi mynd i'w pennau. Roedd angen eu tynnu i lawr dipyn – rhoi pin yn eu swigan!

Roedd yna stiward ar un bonc arbennig – fo oedd yn gyfrifol am beth oedd yn digwydd ar y bonc honno. Roedd wedi bod yn cadw llygad ar un rhybelwr bach a oedd wedi dod i weithio ar y bonc. Ar ôl rhai misoedd, daeth yn amlwg iddo nad oedd y rhybelwr bach hwn am wneud chwarelwr. Doedd o ddim yn medru cael gafael yn y gwaith.

Wedi ei weld o fel hyn – heb wneud dim cynnydd am rai misoedd, dyma'r stiward yn gofyn i'r chwarelwr a oedd wedi cymryd y rhybelwr bach yma i'w brentisio,

'Dwi'n gweld y bachgan yma'n gwneud dim cynnydd. Ma gen i ofn na wneith o ddim chwarelwr inni. Ddaw na rywbeth ohono fo dŵad?' meddai.

'Hwyrach... ond mi wneith o stiward iawn!' medda'r chwarelwr.

Roedd yna bob ymdrech yn cael ei gwneud i roi pegan i'r stiward!

Dyma stori arall, o Chwarel yr Oakeley. Roedd gan y Stiward Gosod waith anodd – fo fyddai (ar ran cwmni'r chwarel) yn pennu pris gweithio efo gwahanol weithwyr. Roedd yn pennu 'hyn-a-hyn' y dunnell i'r labrwyr, hyn-a-hyn y llath i'r meinar, hyn-a-hyn y bunt i'r creigwyr. Roedden nhw bob amser yn ceisio a chael pris uwch wrth gwrs a'r Stiward Gosod yn ceisio a chael y pris isaf posib! Byddai dadlau mawr, dadlau huawdl. Byddai anghytuno ffyrnig a ffraeo ar gorn dod i ddealltwriaeth ar y pris gweithio.

Yn yr Oakeley, yr oedd un creigiwr yn gweithio mewn agor wael ofnadwy. Roedden nhw'n methu'n glir â gwneud cyflog yno. Aeth hyn ymlaen am rai misoedd ond methai y creigiwr yn glir â chael gwell pris gan y Stiward Gosod pan ddeuai yn Ddiwrnod Gosod. Er llawer o ddadlau, doedd y pris yn gwella dim.

Wedi dioddef y diffyg cyflog yma am rai misoedd, cyrhaeddodd Diwrnod Gosod arall. Cyn i'r Stiward Gosod ddod i mewn i'r agor i drin a thrafod y pris, aeth y creigiwr ati i roi trosol ar ei ben wrth y craen, rhoddodd ddarn o bren ar draws ei ben uchaf, a wedyn rhoddodd hen gôt dros y ffrâm, a het ar hwnnw. Roedd wedi llunio rhyw fath o fwgan brain a oedd yn pwyso yn erbyn hegal y craen.

Wedi darfod, dyma fo'n mynd ymlaen efo'i waith. Toc, fe gerddodd y Stiward Gosod i mewn i'r agor a thaflu ei ola' o gwmpas yr agor. Ond 'wnaeth y creigiwr ddim cymryd unrhyw sylw ohono. Wedi i hyn fynd ymlaen am dipyn, a'r creigiwr yn dal i weithio a'i anwybyddu, gofynnodd y Stiward Gosod iddo,

'Os 'na osod i fod 'ma heddiw?'

Cododd y creigiwr ei ben o'i waith ac estynnodd ei fys at y bwgan brain.

'Gofynnwch iddo fo,' meddai.

'Mi fedar o fyw heb fwyd!'

Rydw i wedi sôn am amryw o straeon ble mae yna swyddog a chwarelwr y naill ochr a'r llall i'r stori, ond mae yna straeon eraill ble mai dau chwarelwr sydd yna.

Roedd yna fws yn mynd o un pen i'r llall o'r dref, ac yn aros yma ac acw. Wrth y drws yr oedd yna chwarelwr yn eistedd a hwnnw'n un tenau ofnadwy. Fe stopiodd y bws a phwy ddaeth i mewn ond rhyw ddyn go foliog, dipyn o bwysau arno. Roedd y ddau'n adnabod ei gilydd yn dda ac yn gweithio yn yr un chwarel.

'Dim ond pas bach i waelod y stryd,' medda'r dyn boliog wrth y gyrrwr bws. A dyma'r dyn tenau'n rhoi ei big i mewn,

'Pam na gerddi di dŵad? 'Tydi o ddim yn bell!' meddai. 'Mi fasa'n lles i ti gerdded cyn lleied â hynna i dynnu rhywfaint oddi ar y bol 'na s'gen ti.'

Trodd y dyn tew ato, a dweud ar ucha'i lais, fel bod pawb yn y bws yn clywed.

'Hy,' meddai, 'Fyddwn i ddim balchach o fod mor denau â chdi beth bynnag. Ma' ishio haul mawr a golau cryf i dy weld ti!'

Yn Nyffryn Nantlle roedd gŵr oedd yn cael ei alw'n Now John Lord. Roedd yn creigio ar ochor y graig yn Chwarel Gallt y Fedw gyda'i ddau bartner yn dal y rhâff ar ben ucha'r graig. Dechreuodd Now fynd i lawr y graig a galwodd am dipyn o slac ar y rhaff. Cafodd y slac ac aeth yn is i lawr. Ond fel yr oedd o'n mynd yn is, aeth o olwg y ddau oedd ar ben y graig gan fod yna drwyn o graig yn ei guddio

Galwodd Now am ychwaneg o slac ar y rhaff a dyma'r ddau ar y pen ucha'n ei gollwng iddo. Galwodd am slac yr eilwaith, a thrydydd gwaith. Ond beth oedd wedi digwydd oedd bod y slac wedi rhyw fath o fachu, wedi ei gloi mewn rhyw agen yn y graig, a doedd Now ddim yn cael y slac.

Yn sydyn dyma Now yn rhoi dipyn o bwysau ar y rhaff, a dyma fo i lawr wyneb y clogwyn – fel plwm, am rai llathenni. Clywodd y ddau ar y top sŵn crafu, llithro, cerrig mân yn mynd i lawr, ond ni allent weld dim byd – dim ond clywed y sŵn. Pan dawelodd pethau, dyma un o'r ddau ar y top yn gweiddi lawr.

'Wyt ti'n iawn, Now?'

'Yndw,' medda Now.

'Wyt ti ishio rh'wbath?'

'Oes.' medda Now, 'Trôns glân!'

Byddai ambell i weithiwr yn y chwarel yn un drwg am ddianc gartref. Roedd hyn fel ryw fath o glwy', rhyw fath o afiechyd arnyn nhw. Fedran nhw ddim maddau rhag dianc gartref cyn y Caniad. Roedd ganddynt, wrth gwrs, eu llwybrau drwy'r tomennydd i fedru osgoi y stiward, i osgoi rhag cael eu gweld.

Roedd yna un chwarelwr o'r enw William Thomas, ac yr oedd o ar ei arfer yn dianc gartref yn aml. Un diwrnod, yr oedd wrthi yn dilyn ei lwybr arferol drwy'r tomennydd, pan, yn sydyn, fe gamodd y stiward oedd wedi bod yn cuddio y tu ôl i faen, allan i'w wyneb.

'A lle'r wyt ti'n feddwl dy fod ti'n mynd?' meddai wrth William Thomas.

'Wel, adra' yr o'n i'n meddwl mynd,' medda hwnnw. 'Ond 'wn i ddim i lle gythra'l dwi am fynd rŵan.'

Dyna i chi felly rhyw ddetholiad o straeon y chwarel. Gyda nhw, gobeithio fy mod wedi gallu cyfleu ichi rywfaint o hiwmor y chwarel, neu hiwmor y chwarelwr. Hiwmor caled iawn ydoedd ar adegau cofiwch – hiwmor parod iawn, hiwmor cyrhaeddgar iawn (ar dro beth bynnag) hiwmor castiog hefyd yn aml, hiwmor troeon trwstan a chwithig. Fe allasai rhywun ar dro fod yn wrthrych tynnu coes di-drugaredd gan ei gydweithiwr ond, drwy'r cwbl, roedd yna gymdeithas glòs, a chynnes ar bonciau'r chwarel. Cymdeithas, fel y dywedais i ar y dechrau, nas gwelir mo'i thebyg byth eto.

Darfu'r hen chwerthinus gwmni,
Darfu'r byd oedd gynt ohoni.

Diolch yn fawr i chi.

Emrys Evans
Tan y Bwlch 1990

Ffraethineb Bro Hiraethog

Dwi wedi cael fy nghyflwyno fel cantwr, adroddwr, hyn a'r llall, ond yr unig un ddaru roid, dwi'n meddwl, y disgrifiad iawn ohona i oedd Neville, Hogia Llandegai. O'n i'n rhyw gadw noson i Blaid Cymru a dyma fo'n nghyflwyno i fel un digri, ag o'n i'n meddwl, wel ia, ma' hwnna mor agos ag y medrwch chi ddŵad am wn i.

Dwi'm yn greadur swil, ne faswn i'm yn gwneud y math yma o waith, na faswn, ond dwi'n ddigon swil o ddod yma heno. Ma' meddwl am lanw bwlch ar ôl Dic Jones, ychi, does na 'mond un cymhwyster i lanw'r bwlch 'de, fy seis i 'di hwnnw 'de. Wyddoch chi, fydden nhw'm yn gadael i mi chwarae yn y gôl yn tîm 'rysgol o ran nad oedd hi ddim yn deg i'r tîm arall 'de.

Ond, mae'n rhaid i mi ddeud, o ddifri 'lly, bod Dic Jones

yn arwr gynna i. O unrhyw ddyn sy'n medru dechrau awdl trwy dynnu llun y 'coed Mihangel yn felyn a'i niwl glas yng nghil y glyn'. Wel, i mi heb os nac oni bai, yr awdl orau yn yr iaith Gymraeg. Dwi'm yn siŵr nad ydi'r 'Gwanwyn' gynno fo ar 'i hôl hi, yr ail orau hefyd. Ac felly, mi rydw i'n swil heno o ddod a thrio ych cadw chi yn ddifyr am ryw awr a ballu. Hynny ydi, os na fyddwch chi i gyd 'di cysgu ne' fynd allan!

Wel, ar be dwi'n mynd i siarad? Atgofion. Dim yn rhyw wreiddiol iawn, nagoes, yn hynny, a gwaeth fyth, dydi hanner cynta'r peth ddim yn hyd yn oed yn f'atgofion i, ond yn hytrach atgofion fy mam.

Wel ma' Mam, ma' 'i adre heno, mai'n wyth deg a chwech 'leni, ac yn fregus 'i chorff, ond mae 'i meddwl hi yn glir iawn. Ma' Sain Ffagan wedi bod i fyny yn recordio hi am ddeuddydd.

Ma' raid bod ganddi ddigon i' ddeud fath â finna. A dwi 'di tyfu fyny yn yr hanesion 'ma dwi 'di ga'l gan Mam. Felly os wnewch chi fod yn amyneddgar efo fi am chydig bach, mi a i â chi'n ôl i ddechre'r ganrif 'ma a Mynydd Hiraethog, ardal Pen-y-cefn, top Llansannan.

Rŵan, ganwyd fy mam mewn lle hefo'r enw ofnadwy, Nant Lladron. Tydw i ddim yn gwbod, ma' Mam yn trio deud na'r enw iawn ydi Nant Lladd yr Ofn! Dwi'n meddwl mai trio tynnu ar 'i dychymyg ma'i 'lly, ond yn wir ma' 'na ffarm yn ymyl Hafod Cefn Plas Ofn. Wedyn, dwn i ddim 'wrach bod 'na rwbeth yn y peth. Ffarm bach, tir tena, wedi'i ennill o'r mynydd. Ei thad, yn ogystal â thrio ca'l bywoliaeth yn fan'no yn gweithio i waith dŵr Dimbech, a Mam, yr ail o dri o blant. Ddaru 'i brawd hi, F'ewyrth Huw, mi ddaru o sgwennu llyfr rhyw dair blynedd yn ôl, *Milltir Sgwâr*.

Fel y gwelwch chi, odden nhw 'di ca'l magwreth eitha diwylliedig, o'dd hi'n ardal ddiwylliedig, ond yn dlawd ofnadwy. Dwi'm yn deud bod nhw'n dlodedd, ond mi roedd hi'n dlawd. O'dd hi'n galed, o' hi'n fywyd caled. Dach chi'n sôn am ddegawd gyntaf ac ail ddegawd y ganrif 'ma. Mam yn sôn amdani'n mynd i'r ysgol, a Nain yn deud 'thi,

'Cer â thalcen torth i Marged Edwards, Pant Chwarel.'

Dach chi'n gwybod? Talcen torth? Wyddoch chi, ar y gwaelod, bara 'di neud adra'n grwn yndê, a wedyn mi fedrech chi ga'l amal i fechdan allan ohono fo 'de. Ond meddyliwch beth fasa'n ddeud heddiw 'sa'ch chi'n mynd â talcen torth i rywun 'de? A ma' Mam yn cofio mynd i Pant y Chwarel – ma'n furddyn erbyn heddiw wrth gwrs – a'r hen wraig ma'n fan'no yn gorwedd ar wely gwellt, swp o blant, 'di colli'i gŵr efo'r dicâu, 'i brawd yn byw hefo nhw, hwnnw 'di colli'i iechyd. Hen wraig. A diwedd y stori yne 'di, dwn i'm, bymtheg mlynedd yn ôl neu 'ballu, o'dd Mam mewn cnebrwng yn Llansannan ac yn cerddad drw'r fynwent, a dod ar draws carreg fedd, Margaret Edwards, Pant y Chwarel, a hunodd yn 39 oed. Hen wraig. O' hi'n galed chi.

Dwn i'm, pan glywa i bobol yn sôn, ew, am yr amser ers

talwm, argien, fysen ni ddim yn leicio ca'l nhw'n ôl chwaith
'de. Be o'dd yr hen bennill:

Ceir cyn amled yn y llan
Gladdu'r ferch a chladdu'r fam.

Mi o'dd hi'n fywyd caled. Ga'th Mam diphtheria yn naw oed,
dwy eneth bach yn chware efo'i gilydd, hi a merch y lle 'gosa.
Mi fywiodd Mam, bu farw'r ferch arall. Fydda i'n meddwl, y
bobol ga'th 'u magu yr adeg yno – a ma' 'na lot o'nyn nhw'n
dal yn fyw – mi o'dd y bywyd yna ar fynydd Hiraethog, o'dd
o'n rhoi rhyw ruddin iddyn nhw chi, rhyw ruddin arbennig
iddyn nhw.

Pan o'dd Mam, dwn i'm, yn fuan iawn ar ôl ca'l
diphtheria, rhyw ddeg oed, mi symudodd ar draws y
mynydd o blwyf Bylchau i blwyf Llansannan, do'dd o mond
mynd o fa'ma i fan'na math o beth, i'r Rhiwie [Rhiwiau].

Dach chi 'di clywed am Robert Roberts, y Sgolar [Sgolor]
Mawr. Wel y lle 'gosa i Rhiwie, Llansannan ydi Hafod
Dafydd, ne' ar lafar gwlad, Hafotafydd. A mi godwyd Hafod
Dafydd yn dŷ tywyrch, hafodunnos 'lly, gan hen ŵr o'r enw
Dafydd Owen. Rŵan, stori ma' Mam wedi'i glywed gan hen
ŵr, a'i dad o wedi deu'tho fo 'di hon, felly mae 'i'n mynd yn
ôl, dyn â ŵyr, pan o'dd cwîn Fictoria'n eneth bach am wn i,
ag oedd Dafydd Owen 'ma, o'dd o 'di codi'r tŷ 'ma, a mi

45

fydde'n byw yn wyllt a cario fwyellt efo fo, 'chos o' gynno ofn i rywun dowlu dŷ o lawr yn ôl. Ag mi o'dd Robert Roberts, y Sgolor Mawr, 'di ca'l ryw swydd 'radeg honno, ac o'dd o'n mynd o gwmpas mynydd Hiraethog ar ryw berwyl neu'i gilydd, ag mi ddo'th ar draws Dafydd Owen 'ma, a hwnnw 'di dŵad â phecyn bwyd efo fo, ag mi steddodd y ddau i ga'l bwyd efo'i gilydd. A Dafydd Owan 'ma yn tynnu'i fwyd allan, a be o'dd rownd 'i fechdanau fo, neu beth bynnag o'dd gynno fo, ond tudalen o'r Salme, darn o'r Beibl. Wrth gwrs, o'r cradur ddim yn medru darllan 'run gair. A Robert Roberts yn gafael yn'o fo, 'Sach chi'n licio i mi ddarllen peth ichi,' medda fo. Ac yn dechrau darllen a dŵad i'r adnod honno, 'Cofia am Dafydd yn 'i holl dreialon.'

A'r hen greadur, 'Duwedd mowr,' medda fo, 'sut o'ddan nw'n gwybod amdana i 'dwch.'

Ardal Pen-y-cefn ddudis i, yn ardal ddiwylliedig iawn. Eu gweinidog nhw, Dr Roberts. 'Run ohonach chi 'di clywad sôn amdano fo. Na wela i neb yn nodio o gwbl. Meddyliwch am ditw tomos las – dene'r disgrifiad ore, heb y lliw, o Dr Roberts. Dyn bach, sydyn, ac yn troi'i ben fel hyn. Dwi'n ei gofio fo'n hen ŵr yn dod i bregethu, ag o'dd o'n siarad fel hyn hefyd [Gwilym Morris yn siarad yn sydyn i ddynwared y gŵr].

Mae stori amdano fo 'di tynnu'r blaenoriaid i gyd i'w ben, o'dd o'n gradur, do'dd o'm yn meindio, o' gynno fo ofn neb, rhyw bwt fel hyn o'dd o. Tydi'r rhei bach yn beryclach yn aml 'tydyn, ag o'dd o 'di hel cwarfod blaenoriaid at 'i gilydd i gwyno bod y llygod yn byta'i bregethe fo.

'Hm,' medde Harri Ifans y Wenallt, 'Ma raid bod nhw'n ca'l mwy o flas arnyn nhw na dw i'n ga'l.'

Ond o'dd yr hen ddoctor ddim yn un i adael i neb gael y gair dwytha. Pan symudodd o o Dan-y-fron a Phen-y-cefn i Drefnant, ger Dimbech, mi ddaru o gwarfod Harri Ifans a'r wraig ar y dre, a dyma fo'n deuthun nhw,

'Clywed bo chi 'di ca'l gwnidog newydd.'

J. T. Roberts, ond mi ddo i ato fo wedyn.

'Do,' me' Harri Ifans, 'Do, dyn da iawn. Dyn doeth iawn.'

'Hy,' medda'r doctor, 'Fydd o'n unig iawn acw.'

Wel, y gŵr ddoth yno'n weinidog ar 'i ôl o o'dd y Parch. J. T. Roberts. Ŵan dwi'n cofio J.T. yn dda iawn, a dwi'n gwbod bod 'na rei er'ill yma yn 'i gofio fo. Cawr o ddyn o ran gallu, heb os nac oni bai. Fo briododd 'Nhad a Mam, a dwi'n falch o ddeud iddo fo fedyddio un o'r gnethod 'cw. A fydda'n dŵad, ro'dd o'n ffrindia mowr efo 'Nhad, a fydda'n dŵad Bentre Du Isa, i nghartre, pan o'n i'n hogyn. Ow, o'n i'n meddwl y byd ohono fo. Ond, ond er bod J.T. yn athrylith 'de, fedre fo yn 'i fyw pan o'dd o'n ifanc, feistroli moto. Hefo hen foto beic fydde fo'n mynd, ac mi ddoth 'na amser, chi'n gweld, o'dd o'n sôn am briodi a ballu, amser iddo ga'l moto, fath a'r gweinidogion er'ill 'ma. A wedyn mi ga'th o un, a trio dysgu dreifio. A dach chi'm yn gwbod am ardal Tan-y-fron, o Danyfron i'r Clwt ma' 'ne allt, Allt y Rugoer, a gŵr oedd yn cadw siop yn y Clwt, Bob Parry, yn ceisio dysgu J.T. Ag oddan nw'n mynd i fyny'r allt, pob peth yn mynd yn iawn, nes do'th hi'n amser newid gêr. Mi a'th y moto allan o gêr, ond a'th o ddim i fewn i 'run arall. A dyma fo'n dechre mynd yn ôl, a Bob Parry wrth ochor J.T. yn deud,

'We, we, we, we, we, wê!'

A J.T'n deud,

'Be di'r mater. S'nach chi'm ofn mynd i dragwyddoldeb nagoes?'

'Nagoes,' medda'r llall. 'S'na i'm eisio mynd yno wysg 'y nhin chwaith.'

Ond mi o'dd 'ne, mi o'dd 'ne allu, mi o'dd 'ne hen, hen draddodiad o'r pethe i fyny 'ne. 'Sw'n i'n deud Dafydd Jones, Clytie Gleision, wrth y rhan fwya ohonach chi, sa'n golygu dim byd. Rŵan te, o'n byw yn lle gosa i'r Rhiwie. Os buo 'ne fardd wrth 'i natur, ma'n anadlu barddoniaeth 'de, chi, Dafydd Jones. Yn hogyn ifanc yn dŵad o gymdeithas ym Mhen-y-cefn, ac yn mynd â merch adre i Hendre Glan Aled, lle diarffordd ofnadwy yr adeg honno. Ac mi ddo'th yn ôl yn sydyn iawn, 'wch chi, ia, o'n iawn cymryd chydig bach o amser wrth fynd â merch adre tydi? Ond o'dd o'n 'i ôl syth bin, a'r hogie erill yn synnu a gofyn, 'Rargien, fuost ti'n handi Dei.' A dyma allan efo englyn fel'na i chi:

Yr andros eneth o'r Hendre – a gefais
　　Er gofid i'm coese,
　　Hir oes o'i bodd nis gwn am be
　　Dair clywten i Dei'r Clytie.

Mi ro'dd 'ne allu.

Ro'dd teulu 'Nhad o ochor Llangwm a Llanfihangel, ond
o'n nhw 'di symud erbyn hyn i ardal Pen-y-cefn, sy'n egluro
pam 'mod i yma 'lly. 'Chos do'n nhw ddim yn mynd yn bell i
edrach am wragedd 'radeg yno nag oedden, chi, o gofyn i chi
fod â cheffyl go lew doedd i fynd mwy na rhyw dair i beder
milltir o hyd felly. Ro'dd 'y nhaid yn ddyn sioe gŵn, a fo oedd
yn gyfrifol am ddechre sioe gŵn Bryntrillyn, a fuo 'Nhad yn
ysgrifennydd am agos i ugien mlynedd, ugien mlynedd
cynta. A fyddai wastad yn meddwl, Mam yn deud yr hanes
am ryw hen foi yn rhedeg ci yno. Pam bod pobol yn dysgu
cŵn yn Saesneg 'dwch? Dach chi 'di meddwl ryw dro? Ma'
nhw'n siarad Cymraeg efo'u gwragedd, ma'n nhw'n siarad
Cymraeg efo'u plant, a ma' nhw'n dysgu'r ci yn Saesneg! Y
rheswm bo fi'n deud hynna, ma Mam yn sôn am ryw hen foi
o'dd yn byw yn Nant y Gorlan yn ymyl, wedi ca'l ci, a
hwnnw'n Sais. Do'dd o ddim yn ddwyieithog yndê, a 'dyn
mynd â fo, do'dd yr hen ŵr ddim yn medru siarad dim
Saesneg dach chi'n gweld, dim ond be o'dd 'di glywed
rhywun arall yn weiddi yndê, ac yn mynd i sioe gŵn

Bryntrillyn ac yn gweiddi ar y ci 'te, ac yn methu dallt pam bod pobol yn chwerthin 'de.

'Holyhead boy,' medda fo. 'Holyhead.'

Berffeth wir i chi.

Wel, o' 'Nhad, yn rhinwedd 'i swydd fel ysgrifennydd yn ca'l mynd i Swper y Bugeiliaid, ac o'dd Swper Bugeiliaid Bryntrillyn yn swper mawr. Noson 'lyb, a 'Nhad yn titotlar, ond o'dd o'n mynd 'chos o'dd 'na gymaint o hwyl yno.

'Dyn nes i fygwth baswn i'n canu rhyw un yn do – mi gana i hon i chi, achos o Swper Bugeiliaid Bryntrillyn ma 'i'n dod. Ac mi fydde bugail Hafod y Maidd, nage, bugail Tai'n Maes, Pentrefoelas yn canu hon bob blwyddyn, o'dd pawb yn mynnu bod o, a'r rheswm oedd do'dd o ddim ar dermau da efo'i fam-yng-nghyfreth. A ma'r gân yma'n sôn am ddyn ddim ar dermau da efo'i fam-yng-nghyfreth. Wedyn, rhywbeth fel hyn (yn canu):

Rwy'n adwaen ffrind
Ei arfer yw benthyca pres ddi rôl
Er nad yw y llencyn gwyw
Byth yn meddwl talu'n ôl.

Rhyw dridie 'nôl
Fe'i cwrddais ef yn myned tua'r ffair
A gofyn wnaeth y llencyn gwyw
Am fenthyg tri a thair.

'Wel,' meddwn i,

'Mi caf a chroeso calon cofia

Ond gan fod pobol yn siarad fel ag y ma'n nhw amdanat ti,

(*llefaru'r ddwy frawddeg uchod cyn mynd yn ôl i'r alaw*)

Dwi braidd yn meddwl na ddaw 'i ddim, ddaw 'i ddim,

Os wy'n edrych braidd yn wirion

Ddaw 'i ddim, ddaw 'i ddim,

Nid mor wirion, ddaw hi ddim.'

Fe fûm ers blwydd ne' ddwy

Ar bwynt priodi un

Cyn mynd at allor llan y plwy

Fel hyn gofynnai'r dyn.

'Mae gen i fam a phedair chwaer

Sy'n annwyl iawn gen i

A gaiff y rhain rwy'n begio'n daer

Gyd-fyw ar yn heiddo ni.'

'D-d-d-Dwi'n siŵr bod byw efo'ch teulu-yng-nghyfreth yn nobl iawn

Ac am wn i na ddyle pawb fyw efo'i deulu-yng-nghyfreth, ond dan yr amgylchiade presennol

(*llefaru'r ddwy frawddeg uchod cyn mynd yn ôl i'r alaw*)

Dwi braidd yn meddwl na ddaw 'i ddim, ddaw 'i ddim

Byw dan gyfreth mam-yng-nghyfreth
Ddaw 'i ddim, ddaw 'i ddim
Nid mor wirion, ddaw hi ddim.'

Dywedodd cyfaill wrthyf fi
Fod ganddo hanes merch
A wnai y tro i'r dim i mi
I fod yn wrthrych serch.

Gwraig weddw oedd yn berchen stôr
O bopeth, heb ddim plant,
Ro'dd ganddi arian lond dwy drôr
A ddim yn bell o hanner cant.

'Digon o bres ddudest ti? Da iawn. Dim plant, wel gwell fyth,
ond yr hen hanner cant 'ne, ma' hi'n hen!
(*llefaru'r ddwy frawddeg uchod cyn mynd yn ôl i'r alaw*)
Na, dwi braidd yn meddwl na ddaw 'i ddim, ddaw 'i ddim
Os wy'n edrych braidd yn wirion
Ddaw 'i ddim, ddaw 'i ddim
Nid mor wirion, ddaw hi ddim.'

Diolch, 'dach chi'n sbwylio fi.

    Ma' 'ne straeon am rai fydde'n gweithio, rhaid chi gofio,
lot o'r rhein o'n nhw 'di ca'l chydig iawn o addysg, ond o' 'ne

ryw wreiddioldeb yn'yn nhw 'de. Odden nhw'n medru dod
allan efo'r union beth i ddeud ar yr union amser, ddim fel
bydda i'n amal, yn meddwl amdano fo ugien munud wedyn
'de. A o'dd 'ne un yn gweithio yn Hafod Cefn Plas Onn o'n
enwog, Dei Parry. O'i deulu o yn byw o gwmpas Llannefydd
'cw rŵan. O'dd Dei Parry wedi ca'l 'i gyflogi yn Hafod Cefn
Plas Onn, a'r hen ddyn braidd yn styrn.

'Gwranda di,' medda fo wrtho, 'i ti ddallt, dwi fel ceiliog
yn y bore.'

'Iawn,' medde Dei, 'dwi'ne fath â iâr gyda'r nos.'

Ma' Hafod Cefn Plas Onn, ma' 'na dir serth iawn yne, ag
o'dd o 'di bod yn rowlio rhyw gae, wel, ag o'dd o fel hyn (*osgo
llethr serth gyda'i fraich*). A rhywun yn gofyn,

'Sut ar y ddaear llwyddest ti rowlio hwn Dei?'

'Wel,' medda fo, 'ddigon hawdd, rowlio ar i lawr a mynd i
fyny'n wag!'

Ma' honne'n ddeud go arw.

Ag o'dd o, Dei, wedi bod yn y cae efo'r wedd rhyw
ddiwrnod, ac wedi dod i dreshio bwrw, a mi ddo'th adre yn
'i ôl, ag o'dd o'n mochel yn yr hofel yn gwylio'r glaw'n dod
lawr. A dyma hi'n dechre, wyddoch chi, ysgafnhau dipyn, a
dyma'r hen wraig allan o'r tŷ ac yn deu'tho fo,

'Defi,' meddai, 'ma'r ceiliog yn canu.'

'Ydi,' medde ynte, 'dan do.'

Mi fydde hogie ifinc 'radag yno, 'run fath â rŵan, yn

llawn castiau. A wyddoch chi be' o'dd castie rei rownd ffor'ne 'radag yno, symud giatiau. Oddach chi'n gwybod am yr arferiad oeddech? 'Sa pobol 'neud heddiw fasa'r polîs yno a helynt mowr. A wyddech chi be, o'dd y creaduriaid gwirion yn 'u cario nhw filltiroedd. Mi fyddan nhw! Glywes i hanes nhw 'di symud un o Ben-y-cefn hanner ffordd i Lansannan, rhywbeth fel dwy filltir 'swn i'n feddwl. A rhywbeth, 'nenwedig os caen nhw hanes bod 'ne helynt rhwng y ffarm yma a'r ffarm yne, yndê.

Glywes i stori dda am ddau le ar draws yr afon oddi wrth 'i gilydd ym Mrynrhydyrarian. Hogie lleol, llancie 'de, ar y ffermydd. Llancie dan ni'n ddeud, gweision dach chi'n ddeud 'de, 'run peth 'dio. Pompren 'chi ar draws yr afon yn fan'no, yn symud lloeau o'r ffarm yma yn ddistaw bach, 'sa'n ddigon o job gyrru nhw yng ngolau dydd yndê, symud llond cwt o loeau o'r fferm yne, i'r ffarm arall, a'r lleill yn 'u lle nhw. Berffeth wir i chi, o'r Hesgin i Tan y Garreg ym Mrynrhydyrarian, er mwyn be? Er mwyn clywed aflwydd o helynt bore wedyn 'de. Y gwahaniaeth chadel rŵan ydi na do' neb yn malu 'de. Doedden nhw ddim yn difrodi, rhywbeth am hwyl o'dd hi, a rhyw hwyl digon diniwed.

Mam yn deud hanes am ryw hen ffarmwr o'dd yn byw i lawr o Ben-y-cefn i lawr am Llansannan, ac effaith y Diwygiad arno fo. Chwarae teg iddo fo. Rownd amser rhyfel cyntaf o'dd hyn. O'n cadw dau lanc a'r rheiny wedi dod yn ôl i'r gadlas rhyw ddiwrnod, a be glywen nhw ond yr hen ŵr wrth ochor y das yn gweddïo. Nhwthe'n mynd ochor arall a gwrando arno fo.

'Arglwydd mawr,' medda fo, 'rhyw wraig ddigon rhyfedd roist ti imi, Arglwydd mawr. Ma gynna i dylle yn 'n sane, Arglwydd mawr, allet ti roi dy ben drwyddyn nhw, Arglwydd mawr.'

O'n i'n meddwl bo' honne'n ddoniol! Hitiwch befo.

Beth bynnag, dyma fo'n mynd ymlaen ac yn cwyno am y wraig a ballu a deud mor flin oedd bywyd iddo fo. 'Arglwydd,' medda fo, 'tase'r das ma'n syrthio ar 'y nghefn i'r munud 'ma, mi fase'n ollyngdod imi.'

A dyma'r ddau hogyn yn dechre ysgwyd y das.

'Hold on, Arglwydd, dwi'm yn barod eto!' medda fo.

A ma' honne'n wir hefyd i chi.

Mi o'dd y Diwygiad, o'dd y Diwygiad, dan ni'n rhyw feddwl bod y Diwygiad wedi gafael ym mhawb. Ond ma' Mam yn cofio rhyw hen ŵr o'dd yn byw yn ymyl, o'dd o 'di ca'l 'i gyffwrdd gan y Diwygiad.

'Wel mi es i un cyfarfod,' medda fo, 'doedden nhw'n hurt bost, o'n nhw'n neidio dros y seti a bob peth. Des i ddim wedyn.'

A wedyn, ddaru o ddim gafael yn bawb 'de.

Yn fuan ar ôl priodi, ddaru 'Nhad a Mam symud o ardal Pen-y-cefn i lawr i'r Groes, aros eto ym mhlwy Bylchau.

Fanno ges i ngeni, ag o'n i'n dair oed yn mynd o'no, ag o' hi'n amser rhyfel. A ma' gynna i ryw chydig bach o go' am hynny, ond fawr ddim wir. Ma' gynna i straeon am un dyn arbennig, mae'r cradur wedi marw rŵan, a do'dd o ddim yn hen, Glyn Vaughan. Mi fydde fo'n byw yng Nghyffordd Llandudno ac yn pregethu, pregethwr lleyg. Ond sut ddo'th o gynta i gymryd rhan – ro'dd o'n mynd i gapel Annibynwyr y Rhiw, ag o'dd hi'n nos Sul a phawb yn iste yn y capel yn disgwyl, a'r pregethwr ddim yn troi i fyny. Y cloc yn mynd yn 'i flaen, pum munud wedi, deng munud wedi, chwarter wedi. Ugien munud wedi, dyma'r blaenoriaid yn mynd a rhoi 'u pennau efo'i gilydd, a 'be' 'dan ni'n mynd i neud felly.' Ag o Glyn Vaughan yn iste yn fachgen dwy ar bymtheg oed, rioed, rioed wedi gneud dim byd yn gyhoeddus, a rhyw olwg arno fo fel fath 'sa fo . . . reit ffyddiog ohono fo'i hun 'lly. A dyma nhw'n mentro gofyn, 'Ddewch chi ymlaen Glyn i gymryd rhan.' A dyma fo 'mlaen i chi, ledio emyn, darllen fel pregethwr, emyn arall, a mynd i weddi. A dyma fo'n dechre i chi. A ma'r weddi 'no, pawb ddaru chlywed hi yn dal i chofio'i byth. Dyma fo'n dechre, 'Arglwydd mawr,' medde fo, 'fel gweli di ma' dy was 'di gollwng ni lawr heno. Ond fel gweli di hefyd, Arglwydd mawr, dan ni di manijio'n iawn hebddo fo.'

Mi o'dd Glyn Vaughan, ac o'dd o'n ŵr arbennig, o'dd pawb o'n byw yn 'i ymyl o yn deud, o'dd o'n ŵr eithriadol o dda, ond mi o'dd 'i bregethe fo yn wahanol 'de. Mi bregethodd un bregeth yng Nghefn Berain 'cw, a dwi'm yn gwybod be o'dd y pwynt o'dd o'n geisio roid drosodd, dwi'm yn meddwl bod neb 'di dallt a deud y gwir, ond dyma o'dd y stori beth bynnag.

Y wraig 'ma'n nofio'n y môr, ac yn mynd i drwbwl, a dyma hi'n gweiddi:

'*Save me! Save me!*' meddai.

A dyma'r dyn 'ma'n neidio mewn i'r môr ac yn nofio ati.

'*Save me!*' meddai.

A dyma fo'n neidio i'w gwallt hi, a dyma fo'n dod i ffwrdd. Wig o'dd o.

'*Save me! Save me!*'

A dyma fo'n neidio i'w braich, a ddo'th honno i ffwrdd, braich artiffisial.

'*Save me!*' a neidiodd i'w choes hi – coes bren oedd hi, a ddo'th honno i ffwrdd.

'*Save me!*'

'*I'll save you,*' medda fo, '*just stick together.*'

A mi o'dd Glyn Vaughan yn ŵr, os byddech chi'n gwrando ar Glyn Vaughan yn pregethu, fe fyddech chi'n cofio 'lly.

Sôn am gapel, dwi fatha 'swn i 'di mynd lot i'r capel heno. Sôn am rywun yn troi at grefydd, dw'n i'm os 'na rywun yma wedi clywed am y diweddar T. R. Jones, Dinbych. Tom

Jones, Tan-y-fron. Wel, mi o'dd 'ne lyfr bach nad o's neb yn sôn amdano fo, Englynion Coch. Mm! Faswn i'm yn darllen dim byd felly! Mi o'dd gan Tom Jones englynion yn hwnnw, a deud y gwir, mi fydde fo'n reit ulw peth'ma, chadel nhwthe, pan o'dd o'n ifanc. Mm! wyddoch chi. O'dd o'n hoff iawn ohono fo, a merched. Beth bynnag i chi, mi ddaru Tom Jones ga'l troedigaeth. Ac ar y fan yna dwi isio deud, ma'n gywilyddus bod yr Atodiad wedi dod allan heb yr emyn ddaru Tom Jones 'i gneud, heb i hwnnw fod ynddi hi.

Rwy'n dod yn dlawd, O Dad, i'th wyddfod di
At orsedd gras, cans gweddus yw i mi,
Tydi ffynhonnell fawr pob gras a dawn,
Rho i mi brofi o win a rhin yr Iawn.

Ar lwybr gweddi er mor wael fy llun,
Dymunaf aros gyda thi dy hun,
Nes teimlo'r pur gyffyrddiad O! fy Nuw
A'm cyfyd i o'r llaid yn enaid byw.

Mi wn fod gyda thi faddeuant rhad
Rwy'n byw ar Dy drugaredd dirion Dad,
Yng nghysgod Dy dosturi cadw fi
Rhag llithro'n ôl o'th ofal dwyfol di.

A'r bennill ola 'ma:

> Bugeilia f'enaid eiddil yn y byd
> Lle temptia dyn dy ddoeth amynedd c'yd
> Trwy rym dy ras, dilea meiau nawr
> Fendigaid Iôr, ym môr dy gariad mawr.

Argien fawr, dwi'n meddwl bod honne, dwi'n meddwl bod hi'n gorffen yn anfarwol 'de. A'r gŵr yma, pan feddyliwch chi – 'sa chi'n gwybod – dwi'm yn licio deud be o'dd o 'di sgwennu'n gynt, ond coeliwch chi fi ma' nhw'n wahanol ofnadwy. Ond dwi'n meddwl yn fan'ne, dach chi'n ca'l rhywun sydd wedi ca'l profiad. A phan edrycha i ar rai o'r emyne yn yr Atodiad a be' ma' nhw 'di adael allan. Whw! A dyna ni.

Dwi'm wedi deud dim byd am y 'Nhad. O 'Nhad yn ddyn tawel, dwi'm byd tebyg iddo. Dyn tawel, dyn llyfre, ffarmwr efo llyfr yn 'i boced. Dyn fyddai'n mynd i'r ocsiwn, dadlwytho ŵyn ac yn mynd i'r moto, i'r fan i ddarllen 'lly. Un felly o'dd Dad. Yn wahanol iawn i'w frawd, Yncl Ifan. Dyn caled o'dd Yncl Ifan.

Rhei 'na chi'n gwybod am grŵp 'Trisgell'? Dach chi'n gwbod y tew ohonyn nhw, Llion, ia, wel, ma' Llion yn ŵyr i Yncl Ifan. Ma honno'n chwara yn nith i minne hefyd. Mi ddudan ni bod Nan run fath â . . . be o'n nhw'n ddeud hefo

marmalêd, 'Branches everywhere' 'de. I ddisgrifio Yncl Ifan
i chi, Yncl Ifan ar ryw dymor gwlyb yn mynd yn fliniach bob
dydd, gafrau, glaw wedyn, sgube'n egino, wel, gwaith yn
ofer, ac o'dd o'n mynd . . . ac Yncl Ifan yn flin yn werth 'i
weld. 'Ychi ma' gynna i wyneb anffortunus, o' Yncl Ifan 'fyd.
Beth bynnag, amser cinio ryw ddiwrnod, o'n nw'n ista yn y
tŷ a gweld y glaw yn dod lawr, a dyma'r gwas yn codi, a 'dwn
i'm mewn llawer i ffermydd, 'dan ni acw mae gynnon ni lás
[*barometer*] ar y wal. Y gwas yn codi, cnoc ar y glás.

'Glás yn codi Ifan Morris,' medda fo.

'Hm!' medda fo, 'codi i biso.'

A wedyn dyna ni yn dod at Lannefydd. Ardal, ma' ne dair
afon yn mynd rownd iddi, a 'dyn tase gynnon ni afon arall
hefyd, 'sen ni'n ynys, ond do's gynna ni ddim. Ond ma'
gynnon ni afon Aled yn dod lawr o gyfeiriad Llansannan un
ochor, afon Elwy yn dod o Langernyw, Llanfair Talhaearn
ochor arall, ac afon Meirchion yn dod o Henllan ochor arall.
A 'dyn s'an ni mond y tir uchel yn mynd i fyny am y Bylchau
yn rhwystro ni rhag bod yn ynys 'lly. Ardal a thraddodiad o
ganu, ardal a thraddodiad o fod yn annibynnol iawn. Ardal
o ffyrdd culion, dwi'n deud yr unig reswm ein bod yn dal yn
Gymry, yn Gymry glân acw, ma'r Saeson – 'dan ni'n gweld
Sodom a Gomora, 'dan ni'n edrach i lawr fel'na, 'dan ni'n
gweld Rhyl, Cinmel Bê, Tywyn, Pen-sarn – 'dan ni'n gweld

nhw. Ma'n nhw'n gweld ni, ond fedran nhw'm ffeindio ni! Ma'n ffyrdd ni 'fath â llwybre defed a rheiny hefo bendro. Ond ma' 'na hanes o fod yn annibynnol. 'Nes i ryw englyn, 'newch chi fadde i mi:

Llannefydd lle hynafol – a'r mwynaf
        O'r mannau dymunol,
    Cartref brid di-lid, di-lol
    Sy'n boenus annibynnol.

Ac ma' 'ne hanes. Gan mlynedd yn ôl fuo 'i'n Rhyfel y Degwm, can mlynedd a dwy rŵan acw. Ac o'n i'n meddwl faswn i'n deud dim ond tri hanes byr wrthach chi.

Mi o'dd 'ne wraig yn byw'n Llannefydd 'cw, arbennig, brenhines Llannefydd. Mrs Jones, Nant Ucha. O' 'i'n fwy na fi. Dwi'n gwbod, achos o'dd 'i gŵr hi 'run seis â fi. A ddaru nhw gario'i arch o lawr y grisie o Nant Ucha, a pan fu hi farw, bu'n rhaid nhw dynnu'r ffenest a mynd â hi ffor'no. Wedyn o' 'i'n fwy na fi ch'weld. O'n nhw'n deud bod hi o gwmpas dwy stôn ar hugien 'ballu. O'dd hi *yn* ddynes. A ma' 'na hanes am y beili'n dod yno i gasglu degwm. O'dd hi wrthi'n sleisio cig pan gyrhaeddodd o yno.

'Welodd rhywun chi'n dod yma,' medda hi.

'Naddo,' medde yntau.

'Welith neb mohonoch chi'n mynd o'ma chwaith.'

Dim yn ddynes i chwarae efo hi, Mrs Jones, Nant Ucha. Yn hanes helynt mawr y degwm acw o'dd hi'n cario plac mowr du efo hi, a mi lwyddodd i droi plismyn a beiliaid yn ôl un diwrnod bythgofiadwy yng Nghefn Berain 'cw.

Enghraifft arall, Huw Ifans y Gwyndy. Y beili'n dod yno, arno fo dipyn o bres iddyn nhw. Fferm y Gwyndy, siâp wejen, y ffarm yn y pentre. Ag i'r rhei'na chi'n sy'n ymwneud efo canu, hen, hen daid i Mrs Mair Beech Williams (sy' 'di ennill yn y Genedlaethol efo cyfansoddi, sy'n arwain cymanfaoedd ac yn beirniadu canu). Teulu reit da am edrych ar ôl y geiniog, a deud y gwir, a'r hen Huw Ifans, y beili'n dod yno, 'di gofalu bod y gwartheg yn y cae pella o'dd bosib o'r golwg. Y beili'n cychwyn cerdded y caeau i gyd yn trio'u ffindio nhw, a Huw Ifans ddim yn deud lle oedden nhw. Cyrraedd y cae a ffeindio nhw, a phan o'dd o yn mynd i atafaelu, Huw Ifans yn deud,

'O, reit, mi dala i.'

Cerdded yr holl ffordd nôl i fuarth y Gwyndy,

'Dwi 'di newid 'y meddwl.'

Erbyn hynny o'dd y gweision 'di symud y gwartheg i gae arall 'doedd. Yn ôl i pen draw, y gwartheg ddim yno rŵan, isio cerdded y ffarm wedyn. Ar ôl cyrraedd nhw'r ail waith, Huw Ifans yn deud,

'Mi dala i,' a talu 'de.

Ond do'dd neb yn mynd i ga'l y degwm yn hawdd yn

Llannefydd 'cw. John Williams, Plas Ucha, Llannefydd, a ma'r un un teulu'n byw yn fan yno. Y beili'n dod yno, mi ofalodd bod 'i geffyl o'n rhoi cic i un ohonyn nhw i ddechre cychwyn. Pan gyrhaeddson nhw'n buarth mi a'th i'r tŷ i nôl y pres, mewn dimeiau i gyd. Mi gyrhaeddodd – oedden nhw ar raw yn y popty mawr, ac yn eirias. Oddan nhw isio'u pres,

'Cym'rwch nhw,' a gneud iddyn nhw i'w codi nhw o fan'no a llosgi'u dwylo 'de.

Wel 'na chi enghraifft o bobol ddim yn mynd dan draed, do'n nhw ddim yn bobol o'n mynd dan draed.

A'r enghraifft ddwytha, Pont y Ddôl, Llannefydd. 'Sach chi'n mynd o Lannefydd a chymryd y ffordd gynta i'r arfordir, mi ddowch at afon Elwy a phont. Do'n na'm pont ers talwm, a stad y Cinmel o'dd biau'r tir, fel bydde'i efo'r bobol fawr 'ma, nhw o'dd bia'r tir gore ynte, wrth gwrs. Gan mai Bedyddwyr a Hen Gorff o'dd bobol Llannefydd, odden nhw ddim yn talu'r degwm, o'n nhw'n gwrthod talu'r degwm i'r Person, hwnnw o'dd 'di gneud dealltwriaeth efo'r sgweiar dach chi'n gweld i roi o efo'r rhent, ac i dynnu o allan gynta. Dach chi'n dallt arwyddocâd hynna, dynnu o allan gynta. Wedyn os oedden nhw ddim yn talu'r rhent o'dd y degwm yn dal i ga'l 'i dynnu o'no, a bydda'r rhent yn brin doedd. Wedyn ymhen amser wrth gwrs, roedd ar bobol Llannefydd lot o bres i stad y Cinmel, ond mi o'dd y sgweiar 'ma, o'dd gynno fo chydig bach yn fa'ma, (*bys ar ei dalcen*) yn wahanol i'r rhan fwyaf ohonyn nhw. Mi ddudodd wrthyn nhw,

'Os gnewch chi bont dros yr afon i mi, mi 'na innau anghofio bod arnoch chi bres i mi.'

A mi 'naethon. Pobol Llannefydd yn gwneud pont dros yr afon, ma' hi yna heddiw, syth i graig. Ffaith i chi! Cerwch chi o Lannefydd i gyfeiriad Bodelwyddan a'r A55 mi ddowch chi i Bont y Ddôl.

Mi oeddan ni'n cadw prisoner of war, dwi'n cofio dau ohonyn nhw. Pelish ddaru achub 'y mywyd i trwy godi'r drol dros 'y mhen i, pan syrthies i dros du blaen y drol, ac ar y pryd o'dd 'na bump cansen laeth i fewn yn y drol, ac mi neidiodd o o ben y ceffyl i olwyn y drol, ac mi gododd y drol dros 'y mhen i. 'Sa di arbad lot i bobol 'sa fo ddim 'di gwneud, ond dyna fo!

Mi o'n i'n gradur, o'n i mewn helynt o hyd. O 'ne wraig yn byw yn ymyl 'cw, Mrs Owen. O' hi 'di deud wrth Mam rhyw dro,

'Os dio'n wir be' ma'n nhw'n ddeud, bod isio hogyn drwg i neud dyn da, mi fydd hwn yn gythrel o ddyn da rhyw ddiwrnod,' medda hi.

Gês i'n magu ar aelwyd grefyddol iawn. Mi o'dd hi, mi o'dd pregethwyr a ballu yn galw acw lot. Blaenoriaid capel Cefn Berain, James Jones. Rhaid 'mi beidio mynd oddi wrth hwn – sori, dwi isio ca'l crwydro 'chi.

O'r gynulleidfa: Dio'm bwys.

Nac'di? Siŵr. James Jones, dyn reit ulw, medru bod 'n reit gas. Ein gweinidog ni, Henry Rees Owen, 'dio'n canu cloch i chi? Rhei ohonach chi pen yma – ddo'th o i Lanbedrog. 'I ferch o di Mrs Mona Chambers, a ma' enw Rees Owen yn felys iawn a'i deulu yn Llannefydd 'cw byth. Fuodd o'n w'nidog acw am ddwy flynedd ar hugien, a fo dwi'n gofio fel 'y ngweinidog i pan o'n i'n hogyn. Do'dd Rees Owen ddim yn bregethwr mowr, o'n w'nidog da iawn, ond o'm yn bregethwr mowr. O'dd gynno fo hen Austin Seven, ag o'n nhw'n deud bod o 'di tynnu bob nyten o'r Austin Seven o leia dair gwaith. Ar 'i gefn o dan yr Austin Seven y bydda fo cyn amled â pheidio, a James Jones yn 'i weld o rhyw dd'wrnod yn fan'no.

'Biti, biti,'

'Biti be 'chan,' me' Rees Owen.

'Biti, biti, gneud pregethwr mor sâl allan o enjinîar mor dda.'

Do'm yn beth i ddeud wrth ych gw'nidog chi, chwarae teg.

Rees Owen. Yr Austin Seven 'di torri lawr ar y ffordd i Frynrhydyrarian rywdro, ac o'dd y moto bron â thorri lawr 'lly. O'dd 'na rywbeth mowr yn mater. Galw yn Pen Swch, lle yn ymyl, a Piff yn byw yno, Pît o'dd 'i enw o, Piff o'dd o'n ddeud. A hwnnw'n ca'l y moto i fynd, a Rees Owen yn cychwyn o'no ar frys i fynd i capel, o'dd 'i'n fore dydd Sul 'de. Ar frys. Stopio i ddeud 'Diolch yn fawr', stop moto. Chwarter awr arall yn mynd cyn iddo fedru'i gychwyn o, a Piff yn deud'tho,

'Ŵan Mr Owen, cymrwch chi gythral o ofal na newch chi ddim stopio i ddiolch i mi tro yma', medda fo.

Blaenor arall yn Cefn Berain 'cw, David Jones, Penporchell y Bont, dyn ffinici. Fedra i ddim meddwl am ansoddair yn yr iaith Gymraeg gystal i ddisgrifio David Jones â 'ffinici'. Fues i'n cario brig yno rhyw ddiwrnod dyrnu, os baeddech chi din sach, oeddech chi fewn amdani, wyddoch chi, hen ddyn ffinici oedd o. David Jones yn practishio, o'dd o'n denor neis, ond o' gynno ryw arferiad o ddangos 'i dafod wrth ganu. Tenor ysgafn. A fydda'i dafod o yn dechra cfarfod neidar, yn vibratio, ag o'dd o'n canu, o'dd o ishio canu unawd dros ddeugain 'radag honno. O'dd pobol yn mynd yn hŷn 'radag honno, mynd yn gynnar doedden. Unawd dros ddeugien, dew o'n nhw'n hen bobol! 'Y gŵr wrth ffynnon Jacob', fydda i'n cofio. A dŵad i'r diwedd (*yn canu*): 'I gofio amdanaf fi.'

'Fi, fi,
I gofio amdanaf . . .'

Fel 'swn i'n deud 'Do-o Mrs Jones', a Defi Jones ddim yn gweld 'i 'run fath bob tro. A deud y gwir o'dd hi fel'na'n amal.

Hi o'n dreifio'r teulu 'chi, ac yn amal iawn mi fydde hi'n dreifio ac yn cyrraedd y capel efo moto a Defi Jones yn cyrraedd ar 'i draed, ac yn byw o gwmpas dwy filltir i ffwrdd cofiwch. A beth bynnag, y noson yma, dyna lle o'dd o,

'I gofio amdanaf fi.

Fi . . . '

sawl gwaith . . .

'Fi, fi . . . '

ac yn y diwedd i chi, dyma'r drws o'r porch yn agor, a dyma'r pen yn dod drwodd,

'Ty'd adre da chdi, ma' pawb 'di clywed digon o sôn amdanat ti bellach,' medda hi.

Ond, ar ôl deud hynny 'de, gan Defi Jones glywis i un o'r gwirionedde mwyaf 'rioed. Dysgu dosbarth o bobol ifinc yn y capel, Methodistiaid, a Llannefydd 'cw yng ngwlad dirwest, cryf. 'Di newid tipyn! Ond mi o'dd hi'n wlad dirwest cry', a Defi Jones yn deud wrth y dosbarth bobol ifinc ynglŷn â pheryglon y ddiod gadarn, a dyma, chwarae teg iddo fo, dyma fo'n dod allan efo hyn.

'Fuo diod rioed yn broblem i mi,' medda fo, 'ond does ne'm diolch i mi, ddim fan'no o'dd yn nhemtasiwn i.'

Wyddoch chi fyddai'n meddwl mwy am hynne o hyd. Wyddoch chi ma' ne wirionedd mowr fan'ne does. Ddim am dene o'dd o'n feddwi. Ddim am dene dwi'n feddwi. Ma' gynnon ni gyd, beth bynnag yn does, ma' 'na wirionedd mowr. A fyddai i'n meddwl pan fydda i'n chwerthin am ben rhai o'r hanesion am Defi Jones, fydda i'n cofio honne. O'dd o 'di ca'l goleuni go dda hefyd.

Dafydd Owen, Plas Bwcle, y teulu'n dal i fyw yn fan'no, o'dd trysorydd y capel, y trysorydd gorau fu gan y capel 'rioed. Bob bil o'n dod, o'n luchio fo i'r tân a deud, 'Dwi 'di talu hwn o'r blaen.'

Fuo'i 'rioed mor flodeuog ar gapel Cefn Berain ag o'dd 'i'r adeg honno!

Ŵan te. Ym mhlwy Llannefydd 'cw, ym mhlwy Llannefydd 'cw, o'dd 'na gymeriad o'r enw Ted Morris. Rŵan mi ddyle Sain Ffagan fod wedi ca'l gafael ar Ted, achos o'dd Ted (perthyn ddim i'r un un Morris â fi), ond o'dd Ted yn wych. Gŵr bach pump pedwar, rhwbath 'lly, ia, o'n anodd deud o' 'i goesa fo'n gam. 'Sa'n sythu, 'sa'n dalach 'wrach. O'dd Ted yn ddewin dŵr aruthrol, aruthrol, heb os y gore'n y wlad. Hyn yn efengyl i chi, mi ddarganfyddodd ddŵr, dros y ffin o acw, ar fferm yr Hafod, i gadw Henllan, a tasa nhw wedi edrych ar 'i ôl o, mi fasa Henllan, mi fasa'n ddigon i bentre Henllan hyd heddiw. Mi ga'th 'i alw gan *The Denbigh Water Company*, cyn i'r dŵr fynd – be di'r gwrthwyneb o nationaleisio 'dwch, ne preifateiddio . . . – ia, wbath tebyg, cyn iddyn nhw neud hynny beth bynnag. Ga'l o yno, odden nhw 'di ca'l dyn o sir Fôn yno, ag o' hwnnw'n deud bod 'ne ddŵr yno, ond bod o'n ddyfn, bod o o gwmpas pump troedfedd ar hugien i lawr. Ew, o'n nhw ddim yn ffansïo hynny. Ca'l Ted yno, a fynte'n deud mai dros hanner can troedfedd i lawr. Wel, o'n nw'm yn coelio hynny'n siŵr, nag oedden. Hanner can troedfedd – sut fedrech chi ffeindio dŵr. Ddaru nhw neud bargen efo Ted, iddo fo fynd lawr. Mi ddaru Ted ynte wylio sut o'dd o'n gneud bargen. O'dd o'n fodlon mynd i lawr i'r pum troedfedd ar hugien cynta yn rhad iawn, ond wedyn o' 'i'n mynd dipyn drutach. Mi drawodd ddŵr un llath ar hugien i lawr, a ma' hynna'n efengyl. Un llath ar hugien i lawr, meddyliwch chi faint 'di hynny. Chwe deg tri o droedfeddi i lawr, a doedd o ddim wedi byrddu dim ond y tair troedfedd cynta, wedi agor o 'i gyd, fo a perthynas i rywun sydd yma, Wil Edwards, Cae Groes, Llansannan, wedi tyllu lawr, caib a rhaw a trosol, chwe deg tri o droedfeddi i lawr. Dau fwced, gwagu efo bwcedi. Meddyliwch mewn difri, a phan a'th y trosol drwodd, mi ddo'th y dŵr i fyny, ac ma' un ysgol yn dal yno byth, a rhai o'r tŵls yn y gwaelod. O'dd Ted yn deud mi fuo raid iddo fo adael o, o'dd y dŵr yn dal o'i fyny fel o'dd o'n mynd. Ond ddudes i hynne dim ond i ddisgrifio i chi, wyddoch chi, o'dd o'n ddyn arbennig, o'dd gynno fo ryw allu. Ma' ffermwyr rownd ffor'cw wedi ca'l 'u concritio, deris wedi'i gwneud gynnon nhw, ma' nhw wedi rhoi dŵr i fewn. Cofiwch 'sna'm peipen syth yn lle'n byd 'de, to'dd y cradur ddim yn rhoi peipen o A i B, heb fynd heibio rywle arall ar y ffordd. Dwn i ddim pam, ond felly bydde fo. O' gynno fo ryw allu aruthrol. Odden ni 'di ca'l byrst acw rhywdro, a gofyn iddo fo os fysa fo'n pasio am alw i drwsio fo. Mi alwodd a deud,

'Dwi 'di gneud job dros dro, ddo' i nôl.'

Ddo'th o ddim 'de. Ond do'dd hynny'n ddim byd newydd chwaith.

O gwmpas tair blynedd ar ôl i Ted Morris farw, ges i fyrst, a mi gofies i bod o 'di trwsio. Mi es i fan'no, rhyw droedfedd oddi wrth lle o'dd o 'di drwsio a mi ffindies i sut o'dd o 'di trwsio. Wyddoch chi be' o 'di ddefnyddio i drwsio? Darn o'i grys, paent defaid a cortyn bêl, ac o 'i'n dal byth! Peidiwch chi â deu'tha i di hynna 'im yn allu, ma hynna'n allu aruthrol, i drwsio peipen ddŵr. Mi ro'dd Ted yn ddyn arbennig, ond ma'r stori yma amdano fo yn mynd i edrych, yn ôl rŵan at Defi Jones, Penporchell y Bont. Dach chi'n cofio fi'n deud bod o'n ffinici?

Chwe deg tri a'r rhew mowr, dach chi'n cofio? Ew, hen dywydd oer. Beryl a finne newydd briodi, o'n dywydd iawn i briodi, dim ffit i neud dim byd arall! Mis Ionawr chwe deg tri, Ted yn ca'l galwad brys ben bore, 'sio mynd i Penporchell y Bont. Dŵr yn bob man. Byrst, a'r ddaear 'di rhewi. A coeliwch chi fi, 'sna' 'sach chi brofiad o hynny, dyna'r peth gwaethaf fedrwch chi ga'l, achos fedrwch chi ddim ffeindio lle ma' o'n dŵad. A Defi Jones yn meddwl bod y beipen yn fan'ne, a Ted yn tyllu yn fan'ne, dim byd. A ddylswn i ddeud hefyd na fyddai Ted Morris yn gwisgo welingtons call fath â rhywun arall, rhyw hen shŵs 'fath â dach chi'n ga'l mewn basgedi tu allan i siope, chi'n gwbod, 'Only one pound fifty,' ne' wbeth, am nad oes s'gin neb eu hisio. A rhyw bethe felly bydde Ted Morris yn wisgo. Cradur ofnadwy o'dd o i feddwl bod o'n dŵr. A beth bynnag, a'th hi chi . . . a'th hi o wyth i naw, i ddeg, a tylle, un yn fan hyn ac un yn fan hyn. Methu ffeindio dim byd, a Ted yn mynd yn oer ac yn wlyb ac ambell i air yn dod allan a Defi Jones yn edrych yn flin. A tua ganol y pnawn, mi ga'th y caib garreg, mi ga'th y ddau ohonyn nhw gawod o ddŵr rhewllyd, a mi a'th y caib i droed Ted Morris, a dyma 'na air fel hyn allan. A Defi Jones tu ôl iddo fo,

'Edward Morris,' medda fo, 'ydach chi'n disgwyl ca'l mynd i'r nefoedd yn defnyddio iaith fel'ne?'

A 'ma Ted yn sythu i'w ffeif ffwt ffôr ac yn edrych arno,

'Ydach chi'n mynd yno?' medda fo.

'Wel, rydwi'n gobeithio ca'l mynd,' medda Defi Jones.

'Dwi'm yn dŵad!' medda fo.

A dwi'n meddwl bod honne'n wych. Fedrwch chi'm meddwl am gondemniad mwy 'de.

A'th y 'Nhad yn wael pan oeddwn i rhyw ddeg oed, a buo farw pan o'n i'n dair ar ddeg. O'dd 'na rhyw hen sôn pan o'dd o'n hogyn ac yn mynd rownd steddfode'n adrodd a ballu, mi heliodd bres, gasglodd bres at 'i gilydd, ac mi brynodd le bach, Glan y Gors yn ardal Pen-y-cefn, am dri chant o bunne. Pan o'dd o'n wael, ddudwn ni bum deg tri, pum deg pedwar mwy na thebyg, mi werthodd Glan y Gors am dair mil. Dim yn rhy ddrwg, nagoedd? A rhyw ychydig o flynyddoedd yn ôl, mi werthodd y gŵr o'dd wedi'i phrynu hi gan y 'Nhad, i ddyn arall am ddeng mil ar hugien. Mewn oes dyn o'dd hi 'di tyfu o dri chant i dair mil i ddeng mil ar hugien. Mae'n hawdd iawn i'w gofio, dyna pam o'n i'n sôn am hynna.

Rŵan chydig o ryw straeon – pryd dan ni i orffen latsh? Dio bwys gynnoch chi? Dal ymlaen? Yw, fyddwch chi yma tan hanner nos 'chi!

O'ne dramp yn byw yn Llannefydd 'cw, Alexander Ellis. 'Na chi enw. Cradur 'di dŵad o wyrcws Llanelwy, 'di dod i weithio. O nhw'n deu'tha i, o'dd o'n ddyn, bachgen ifanc taclus ofnadwy. Do'dd o ddim yn dal, sgwâr. Mi ddo'th i weithio ar ffarm yn Llannefydd 'cw o'r wyrcws, mi briododd eneth o Lannefydd 'cw, ga'th ddau fab. Mi ddo'th y Rhyfel Byd Cynta a mi ga'th 'i alw i fyny. A ma'r byd ma'n medru bod yn greulon 'de. Mi a'th i'r fyddin, mi ga'th be o'n nw'n alw'n *shell-shock*. Dwi'n meddwl amdana fi'n hun a rhei 'run oed â fi, yn chwerthin am ben Alic ers talwm ac yn gneud hwyl am 'i ben o, achos o'dd gynno fo ofn sŵn. Eroplên yn pasio ne' ballu, mi o'dd o'n . . . (*gwyro*), moto beic yn ddigon i yrru o i neidio dros gwrych 'de. A fyddan ni'n chwerthin am 'i ben o, yn gneud hwyl am 'i ben o, ddim yn dallt. Dene di'n esgus i beth bynnag. Ond o'dden ni'n ddifeddwl ofnadwy.

Mi ga'th Alic *shell-shock*, ga'th o'i gamdrin, do'n na'm llawer o gydymdeimlad adag y Rhyfel Byd Cynta i bobol o'dd ddim isio paffio. Fuo fo i ffwrdd o adre am dair blynedd, ddo'th yn ôl adre i ffindio bod y wraig â merch fach, babi. A be o'dd y shels ddim wedi 'i ddifetha, mi ddaru hynny orffen y job. A mi ddrysodd, a mi a'th yn dramp yn Llannefydd 'cw. Gweithio ar ffermydd o gwmpas – gweithiwr caled ofnadwy, chwalu tail, carthu cytiau allan fel mashîn – ag o'n byw yn Nant y Garnedd, Llannefydd 'cw, mewn tent. Rhyw hen ddillad – cofio ni'n mynd yno yn hogiau 'de, towlu 'i dent ac Alic yn cysgu tu mewn a rhedeg fel fflamia wedyn 'de rhag ofn iddo'n dal ni. A mi o'dd Alic, y cradur, o 'di deud arno mewn ffordd ryfedd, os gwela fo chi'n dŵad ar hyd y ffordd, mi o'dd o'n 'ych disgrifio chi, ond lle basech chi ne' fi rŵan yn gweld rhywun yn dŵad, (*yn murmur*) 'O Moses, dwi'm isio . . . ', 'O gobeithio wneith hi'm stopio i siarad,' chi'n gwybod, 'O rargol, ma' gynno fo ormod o feddwl o fo'i hun o lawar.' Ond o'dd Alic yn 'i ddeud o, dach chi'n gweld! 'O, y cythrel 'rhen ddyn 'ma dŵad, myn diawl, hen foi rhy arw i ddim byd', a mi fyddech chi'n clywed yr araith yma yn dod i'ch cwarfod chi. A phan o'dd o'n cyrraedd chi, 'Wel, sut mae heddiw? Hy, mai'n braf.' (*dynwared ei lais*) A 'dyn ar ôl chi basio, fyddech chi'n clywed yr araith yn dal i fynd wedyn 'de, beth o'dd o'n feddwl ohonach chi a'ch teulu i gyd!

'Rhen Alic, mi weithiodd yn galed chwarae teg, ofnadwy. A'i unig gysur o am wn i o'dd ca'l peint, o'dd o'n mynd i'r Hawk and Buckle yn Llannefydd, ac am nad oedd Alic druan ddim yn hollol rydd o ffrindiau bach ddudwn ni 'de, wyddoch chi, mi o'dd 'ne dipyn o hyn yn mynd ymlaen (*cosi dan ei geseiliau*). Mi fydde fo'n ca'l cornel iddo fo'i hun. Fydde 'ne dipyn o le rownd o, do'dd neb yn siŵr pa mor bell o' chwannen yn medru neidio!

Dwi'n cofio Alic o gwmpas nes o'dd o'n 'i chwe degau, mi gafodd o niwmonia, a chafodd 'i gymryd i mewn i'r Inffyrmari yn Ninbech. Ddo'th ato'i hun yn o lew, reit da, ac mi a'th i'r Common Lodging House yn Ninbech, o'n nhw'n talu chydig o geiniogau am aros yno. Ac o'dd 'ne gymeriad yn cysgu yn 'i ymyl o o'r enw Solomon Beech. Mi fydde fo'n dod i bob steddfod rownd ffor'cw ers talwm. Bowlar, côt fawr – urddas – rywdro, wedi bod yn perthyn i'w ddillad o yndê. Welish i o mewn côt pengwin mewn steddfod, wyddoch chi, o'dd o 'di ca'l nhw, o'dd rhywun 'di lluchio nhw rhywle, a fydde fo'n dŵad, a mi fydda fo'n canu, o' gynno fo

gês miwsig. A fydda fo'n agor y cês 'ma, a mi fydda fo'n canu
. . . dwi'n siŵr bo gynno fo lais da 'di bod rhywdro, rhywdro,
ond mi fydda fo'n canu ar yr Her Unawd, wel bob peth
liciech chi, mi fydde Solomon Beech yn ganu. A beth
bynnag o'dd o'n cysgu yn y gwely 'gosa i Alic yn y Lodging
Housel. A nid yn unig o'dd Solomon Beech yn canu mewn
steddfode, o'dd o'n canu'n dydd ac yn y nos, a rhyw noson
mi ga'th Alic ddigon ar bethe a mi tagodd o! Ddaru o'm
llwyddo i'w ladd o, ond mi 'nath o job bur drwyadl – fu raid
i Alic ga'l 'i droi o'no, ac yn ôl i Nant y Garnedd yn
Llannefydd 'cw y do'th o. A mi ro'th rhywun hen foto iddo
fo, a hwnnw fu cartre Alic am ddwy, dair blynedd ola 'i oes.

Fuo Alic farw, do'dd o'm yn hen. Ond beth bynnag,
diolch i Doctor Thomas o Ddimbech, doctor teulu ni, 'i fab
o yno rŵan, cymeriad ofnadwy. Fo ddudodd wrtha i bo' fi'n
dew, a fynte'n dewach na fi. O'dd gynna i awydd gofyn iddo
fo o' gynno fo ddim glás. Beth bynnag, chwarae teg i Doctor
Thomas, mi ddaru o awgrymu wrth y Cyngor Plwy y basa'r
ardal yn hoffi rhoi carreg fedd i Alic, a heddiw ma' Alic yn
gorwedd mewn urddas, o leia gystal ag unrhyw un arall o
ffermwyr mwya'r plwy 'cw i chi, yn y fynwent yn
Llannefydd. A dwi'n meddwl bod hynny o gredit mowr.

Miss Jones, Glanllyn – trip WI yn mynd o Lannefydd, yn
byw ar ochor Mynydd y Gaer; Miss Jones, abowt ffeif ffwt
ten, gwisgo côt ddu, het ddu. Dod i edrych amdanach chi'n

hwyr y nos, cerdded ac yn aros tan hwyr y bore, a fydde pobol yn cynnig mynd â hi adra efo moto,

'Na fydda i'n iawn, diolch yn fawr,' medda hi, heb sylweddoli bod pawb yn trio ca'l 'madael efo hi 'nde.

Wel, dwi'n cofio pan o'n i'n canlyn y wraig, ia, doeddan ni ddim yn aros allan yn hwyr, ond dudwch chi o 'i 'di troi hanner nos dipyn ddudwn ni, a fyddwn i'n dod adre, a raid chi watshio am ryw dro, achos oeddach chi'm yn gwybod pryd fyddai Miss Jones yn cerdded.

Miss Jones ar y trip WI 'ma, ac yn digwydd iste yn ymyl Mam, a dyma 'i'n tynnu potel Corona . . . Dach chi'n cofio'r poteli Corona 'na, efo potyn a spring arnyn nhw? . . . tynnu potel Corona allan, llawn o lefrith. A fyddwn ni'n gwerthu llaeth; rhyw ddau gae bach sydd 'fo Glanllyn.

'Gymrwch chi lefrith, Musus Morris?' meddai.

'Diolch yn fawr,' medde Mam, wyddoch chi, llefrith, o'n ni'n 'i werthu o'n doedden. Angen y pres. A 'ma jochiad iawn o lefrith i Mam, Mam yn 'i yfad o, blas iawn arno fo, ac yn deud,

'Fyddwch chi'n godro felly Miss Jones?'

'Fydda i'n godro'r hen fuwch i bwced,' medda hi, 'a 'dyn fydda i'n roi o i'r llo bach, a 'dyn be' sgin y llo ddim ishio fydda i'n gadw i'r tŷ.'

O'dd y gwpan 'di mynd lawr dipyn bach oddi wrth geg Mam!

'Fyddwch chi'n 'i yfed o ar ôl i'r llo fod a'i ben yn y bwced?'

'O bydda, ma' ceg llo bach reit glân,' medda Miss Jones.

O'n siŵr bod hi'n iawn hefyd, 'sa'n ni'n gwybod petha 'dan ni'n fwyta yndê.

Un arall yn byw ar Mynydd y Gaer, Musus Davies, Tan Graig– darn o ledar Cymraeg. Dim disgrifiad arall ohoni. Cofio ar ôl colli 'Nhad cael gwahoddiad i swper yno, a Musus Davies yn mynd i nôl jeli. O'i 'di roi o o dan y gwely i setio! Dwi'm yn deud o'dd 'i'n gyfnod poeth, ond rywsut o'dd o'n lle od i roi jeli i setio. A do'dd o ddim help bod y jeli'n felyn! Faswn i'n dweud anwiredd taswn i'n deu'thach chi bod ni 'di enjoio'r jeli. Oedd o'dd 'i'n ddynes galed. Fuo'i farw llynedd yn naw deg a phedwar dwi'n meddwl – naw deg a chwech medda Beryl 'cw. Fuo'i farw yn naw deg a chwech, rhyw ddwy dair blynedd cynt fuo farw 'i gŵr hi, William Davies. Fuo farw wythnos ola yn Awst,a Musus Davies wastad wedi arfer ca'l mynd i Sioe Cerrigydrudion ar y Sadwrn cynta o Fedi, a mi a'th. A'i adael o yn 'i arch yn y tŷ 'i hun. Nid bod o'n dallt! A cymydog yn gofyn 'thi,

'Ddaru chi adael o yn 'i arch yn tŷ 'i hun?'

'Do,' medda hi, 'o' 'na'm peryg i neb dorri i mewn nagoedd.'

O'dd hynny'n ddigon gwir doedd?

Dwi'n mynd i newid enw'r gŵr nesa a'i alw fo'n George Preis, 'newch chi fadde i mi. Ond ma' gynna i feddwl mowr o . . . Na, na mi alwa i o yn George Pierce i'r andros! O'dd o'n perthyn i rywun sy'n iste yn y rhes flaen 'ma dach chi'n gweld. Gŵr, un o'r dynion mwya annwyl dan haul ffurfafen, ond yn dipyn o rôg yn 'i ffordd. Hon yn stori hollol wir.

Oen ym Mryn Deunydd ('i gartre fo), yn mynd yn 'i ôl bob dydd, o'm yn ffansïo 'i olwg o, ac yn biti, o'dd o'n oen da, a phenderfynu fasen nhw'n 'i ladd o – 'i ladd o, a'i flingo fo a'i dorri o fyny. Dechre poeni wedyn be' o'n mater ar yr oen 'ma, ddim yn ffansïo'i fyta fo lawer. Wedyn dyma fo'n gyrru leg i Harri Owen o'dd yn y ffarm gosa i weld fydda hwnnw'n iawn i'w fyta! Honna'n stori hollol wir. George Pierce ga'th 'i eni yn Pen y Gaer yn Llannefydd 'cw, ag o'dd o mor fychan, dwi'n meddwl am y ddwy flynedd gyntaf mi dreuliodd y rhan fwyaf o'i amser, ddydd a nos, mewn drôr. Felly bydden nhw ers talwm 'te! Oedden nhw'n cysgu mewn drôr yn ymyl gwely, a hen wraig Pen y Gaer Isa, ma fanno'n furddun bellach, yn dŵad yno ac yn deud wrth Mrs Pierce,

'Hitiwch o ar 'i ben, Mrs Pierce bach, fydd o byth dda ddim byd i neb.'

Stori hollol wir i chi, George Pierce yn un o'r dynion anwyla ac yn llawn direidi, llawn hwyl – y teulu i gyd, pobol yn barod iawn, a heblaw am fod yn gymwynasgar yn rhai sydyn 'u meddwl, sydyn 'u tafod. George Pierce yn mynd i'r Ysgol Sul rhyw bnawn Sul, a Bob y King, boi o Llannefydd 'cw, do'dd o ddim yn ddyn capel o gwbwl.

'Dyw,' medda fo wrth George Pierce, 'o'n i'm yn gwybod bod ti mor dduwiol â hynna?'

'Wel, ia,' medda George Pierce, 'dydw i ddim yn siŵr 'mod i sti, ond be' taswn i'n cyrraedd yr ochor draw a ffindio allan bod fi 'di gneud mistêcs, 'swn i'n edrach rêl ffŵl,' medda fo.

Stori rŵan i dynnu Beryl 'cw i fewn i hon. O'n ni 'di priodi . . . mi dduda i yn 'i gwyneb hi . . . y peth calla wnes i erioed am wn i. Oedden ni 'di bod i ffwrdd ar fis mêl a 'di dod nôl ac isio mynd i Abergele i ga'l y llunie, a pwy 'nes i gwarfod yno ond Owen Owens, Felin Pandy. O'dd Owen Owens, o'dd atal deud arno fo ac yn siarad 'm bach drwy'i drwyn. A rhaid i mi ddeud, hwyrach dydio . . . chi'm yn meddwl bod o'n ddoniol, ond mi ddaru o neud i mi orwedd yn erbyn y wal, o'n i'n methu sefyll i fyny. Dyma'n deud 'tha i,

'Hm, c-c-clywed bod t-ti di priodi,' medda fo.

'Do,' medda fi, 'do.'

'S-s-sut ma'r wraig newydd yn plesio,' medda fo.

'Iawn diolch yn fawr,' medda fi.

'M-mae'n hawdd ca'l cast yn dydi,' medda fo!

Ond do'n i'm wedi ca'l cast chwaith, chwarae teg.

I orffen, ma'r amser yn mynd, a i dros y ffin, jest dros y ffin chydig bach. Chwaer-eglwys i mi bellach, Capel y Groes. Ffarmwr parchus iawn yn riteirio, Wyn Hughes, yn riteirio yn iaith sathredig ffor'cw, i'r dre a'r mab yn cymryd drosodd y ffarm. O'dden nhw 'di bod yn hynod o weithgar yn y capel a ballu, a blaenor arall – o'dden nhw 'di hel i ga'l anrheg i'r teulu – a blaenor arall yn talu'r deyrnged iddyn nhw, cyn dŵad â'r anrheg i'r golwg. Ac o'dd 'di bod wrthi chi am Wyn Hughes, wedi bod yn flaenor am hyn a hyn o flynyddoedd, wedi bod yn athro Ysgol Sul am hyn a hyn o flynyddoedd, ysgrifennydd y capel, cadeirydd y pwyllgor adeiladau – o'dd o 'di bod yn bob peth dach chi'n gweld. Ac ar ôl gorffen hyn i gyd, dyma fo'n deud,

'A rŵan 'dan ni'n dod at Musus Hughes,' medda'r blaenor. 'Sut 'dan ni'n mynd i ddechre sôn ynglŷn â holl weithgareddau Musus Hughes. Dwn i ddim faint ohonach chi sy'n sylweddoli,' medda fo, 'pob gweinidog sy' 'di dŵad i Gapel y Groes ers pum mlynedd ar hugien, ac wedi bod ag angen aros dros nos, efo Musus Hughes ma' 'di cysgu.'

Rhaid i mi gyfaddef, dwi'n hoffi rhywbeth fel'na.

Ydi'r enw R. E. Oliver yn golygu rhywbeth i rywun?

Ydi?

Chi'n cofio Oliver bach, aeth o i Chicago i ga'l 'i neud yn . . . be' o'dd o 'dwch? Ga'th o ryw ddigrî yn Chicago, fyddech chi'n ca'l nhw os oeddech chi'n aros 'no am ryw derm ne rwbeth. O'dd o ddim yn bregethwr mowr nagoedd – o'dd o'n ofnadwy. Dwi'n cofio fo'n pregethu yn Cefn Berain 'cw a hithe'n pluo eira tu allan.

'Dydi'r eira ma'n lyfli,' medda fo, 'ardderchog, bendigedig. Gobeithio wneith o'm aros yn hir 'de,' medda fo.

O'dd o'n pregethu yng nghapel Nantwnen ger Llansannan, ac Ifan Roberts, y pen blaenor, o Nant Cornwal, yn dod i'w gwarfod, ac Oliver yn gofyn cyn dechre'r gwasanaeth,

'Dach chi'n cofio be o' gynna i'r tro dwytha?'

'Hm, 'sach chi'n gofyn 'tha i, gebyst o ddim byd,' medda'r blaenor!

A'r un un pnawn o'dd Oliver yn Nant Cornwal i'w de, ag o'dd o'n deud wrth ar y ffordd i Nant Cornwal,

'Argien fawr, rhaid i mi gyfaddef, mi o'dd 'i'n galed arna i pnawn 'ma.'

'Hy, be' dach chi'n gwyno,' medda Ifan Roberts, 'be 'sach chi isio gwrando arna chi!'

Rwy'n tynnu i derfyn.

Gwraig o Lansannan, Maggie, gwraig John Defi, yn mynd i Siop Ganol yn Llansannan a gofyn am ddau bwys o Victory V's. A'r wraig tu ôl i'r cownter,

'Magi bach,' medda hi, 'be ar y ddaear dach chi isio gymint?'

'John Defi'r gŵr 'cw 'di bod yn sâl, a ma'r doctor 'di dod i weld o a 'di deud bod isio fi gadw fo'n gynnes.'

'Run un wraig, o'dd hi'n mynd ar hyd ganol stryd yn Llansannan, ganol mis Awst a dod i gwarfod John Jones y Ffrith, a hwnnw'n rêl hen wag. Ag o'dd hi'n chwilboeth 'de.

'Tebyg i eira Magi,' medda fo.

'Ydi, dydi,' meddai, 'Ŵan ma 'i amsar o, 'im yn y gaea pan ma 'i'n oer.'

Ffarmwr yn byw yn Llansannan, Ifor Davies. Gŵr gwreiddiol iawn, ag o'dd o'n yr ocsiwn yn Ninbech . . . wyddoch chi ar dywydd oer ma' paned o de yn . . . wel ma natur yn cymryd 'i ffordd dydi. A mi a'th i lawr i gyfeiriad lle'r dynion yn y gwaelod. Peidiwch â phoeni, dwi'm yn mynd i . . . chi'n gwybod . . . ddeud gormod 'de. Na'i adael i'ch dychymyg chi. A dene lle o'dd o'n fanno, hen gôt oel isel gynno fo, legins ac yn ymbalfalu drwy'i ddillad, a Bob Lloyd yr ocsiwnïar yn sefyll yn ymyl yn edrych arno fo, ac yn deud,

'Ti'n ca'l gymint o job ffindio'i yn y gwely?'

'Wel, nachdw,' medda Ifor, 'ond cofia ma' 'na ddau ohonan ni i edrach amdani yn fan'no!'

A ma gen i dair stori dda i chi rŵan am un sy'n byw dipyn yn bellach oddi wrtha i, a dwi'm am 'i enwi o, rhag ofn, ma' o'n gradur ofnadwy, annwyl eithriadol, yn 'i wyth degau bellach os na' 'dio'n 'i naw degau, a henaint wedi dod â pharchusrwydd iddo fo, fel i lawer un arall! Ma'n wir 'di, ma' henaint yn dod â pharchusrwydd a maddeuant i rywun. Mi alwa i o'n Huw Tan Llan – nid dyna'i enw fo, ond os o's 'na rywun yn gwybod am Ddyffryn Conwy, mi fyddan nhw yn nabod o wrth 'i ddisgrifiad. Un ofnadwy.

Brynes i bick-up gynno fo yn ocsiwn Abergele. O'n i'n gwbod 'i hanes o, faswn inne feddwl, ond o'dd y pick-up 'ma'n edrych yn fargen, ddylswn i 'di meddwl faswn i byth yn ca'l bargen gan y dyn. O'dd o'n enwog fel arall. Mi es i a'r pick-up adra o dan y ddealltwriaeth os gyrre fo y papurau drwy'r post, ga'i o tjec yn ôl 'run un post. Mi ddoth yn streic y post do. Dach chi'n cofio streic y post? Barodd o am wythnose'n do. Yrrodd o ddim o'r papurau, yrrais innau mo'r tjec. Ond o'n i'n cario, odden i'n gwerthu dipyn o laeth 'cw ar y pryd, rywle deuddeg, pedair cansen ar ddeg. A mi es i ddechre sylwi bod 'na rwbeth yn rhyfedd yn y pick-up 'ma. Unai o'dd y llawr yn codi ne o'dd yr ochre'n mynd lawr. A dyma ddechre edrych i fewn i bethe. Wyddoch chi o'dd y dyn 'ne, tase fo 'di defnyddio y gallu o'dd gynno fo, 'sa'n medru gneud mecanic gwych. O'dd 'ne waith odanodd, pensaernïaeth o wïars a pethe 'di'u plethu, a 'di cyfro pob peth efo mwd o danodd fel fedrech chi weld dim byd 'de. Wrth gwrs o'dd y wïars di dechre stretchio yn doedden, a'r ochre'n dod lawr.

'We-i,' medde fi, 'neith peth fel hyn ddim o'r tro.' Ac yn ôl â hi, yr holl ffordd i'r pentre lle ma'n byw. Na i 'im deud lle. Do'dd o'm yno pan gyrhaeddes i, a'i gadael hi yno a mynd i weld 'i fab o'dd yn ffarmio'n ymyl, a deud nad oedd peth felly'n ffit i fod ar y ffordd. Wel mi ngalwodd i'n bob peth ar y ffôn, fasech chi'n meddwl fod gynno fo isio'i bres, a finne'n deud nad oedd y pick-up ddim ffit i fod ar y ffordd. Beth bynnag, pan weles i o'n Abergele mewn dipyn wedyn, mi o'dd 'ne wên ar 'i wyneb o pan welodd fi,

"Swn i 'di ca'l di'r diawl, 'blaw am yr hen streic 'ne,' medda fo.

O'dd, cradur ofnadwy. Ma' 'ne hanes amdano fo'n gwerthu – mi fydde'n prynu tatws, carej (moron 'de – carej i ni) . . . tatws, carej a wye, prynu nhw rownd ffermydd a 'dyn gwerthu nhw i neud proffid, ag o'dd o'n mynd â llwyth o datws i Flaenau Ffestiniog dros y Crimea, union adeg fel hyn, ym mis Ionawr a hithe'n rhewi'n gorn. A'r tatws yn tu ôl, dim byd drostyn nhw, ag o'dd 'di gofyn i ffrind iddo fo fynd efo fo'n 'peini. Pan o'n nhw'n mynd dros y Crimea, dyma'r ffrind yn deu'tho fo,

"Sa ti'm ofn i'r tatws ne rewi, dwed?' medda fo.

'Nagoes,' medda fo, 'gynna'i gythra'l o ofn iddyn nhw feirioli, cofia.'

A'r ola un i chi. Yr ola un. Mi o'dd o'n enwog, o'dd o'n be o'n alw yn ladies man pan o'dd o'n iau, ac a deud y gwir, mi ro'dd o'n andros o ladies man. Ag o'dd o ŵan yn hen ŵr, w-w 'mhell dros oed yr addewid yn y dafarn. O'dd o yn y dafarn – rhaid i mi ofalu sut dwi'n deud hon, ne' mi fydd 'i dros ben llestri – ac o'dd 'na foi yn 'i ymyl o, a hwnnw'n rhyw reit hapus, a dyma fo'n rhyw ddŵad yn nes at yr hen gyfaill.

'Dywed i mi,' medda fo wrtho, 'ydio'n wir dy fod ti 'di bod yn fymryn o geiliog efo'r merched 'ma ma'n nhw'n deud?'

A'r hen foi'n deud,

'Dio'm 'n neis i mi ddeud, nacdi 'chan,' medda fo.

'Dŵad,' medda fo, 'dio'n wir dy fod ti 'di bod efo gymint o ferched priod â ma'n nhw'n drio'i ddeud?'

A'r hen ddyn jest yn plygu'n ara deg at 'i glust o,

'Gofyn wrth dy fam, machgen i!'

Fydda i'n deud, ma' 'na bils fedrwch chi ddod yn ôl ar ôl 'u ca'l nhw, ond fedrwch chi'm dod nôl ar ôl ca'l honne 'nde.

Gyfeillion ma'i 'di troi naw o'r gloch. Dwi 'di bod 'n sôn am bobol, rhei na wnes i rioed 'u nabod. Wyddoch chi be, rydw i yn 'u nabod nhw, er rei ohonyn nhw weles i rioed mohonyn nhw. Dwi 'di clywed yr hanesion nes dydw i'm yn siŵr weithie be dwi'n gofio yn digwydd, a be dwi'n gofio yn ga'l 'i ddisgrifio'n digwydd 'de. A dwi 'di torri lot allan coeliwch chi fi neu beidio – rhai butra' i gyd! Ond ma' ne rywbeth, dach chi'n deud pethe doniol am bobol. Peidiwch â meddwl mod i'n deud na pobol ryfedd ydyn nhw. Dim byd o'r fath. Yn 'u hanwyldeb ydwi'n deud y straeon yma amdanyn nhw. O'n nhw'n bobol annwyl, lot o bobol dwi ddim wedi sôn amdanyn nhw, toedd gynna i ddim byd i ddeud 'thyn nhw – odden nhw a finne ddim ar yr un un donfedd o gwbwl. O'r bobol 'ma o'dd gynna i lot i ddeu'thyn nhw, ag wrach ryw ddiwrnod, fydd 'na rywun arall yn deud straeon am yr ochor acw, a fyddan nhw'n deud un mor ofnadwy o ryfedd o'dd Gwilym Llechryd, 'swn i'n synnu dim am hynny.

Ga i orffen efo . . . nes i neud ryw soned bach, o'n i'n meddwl bod hi'n ffitio,

Yn oriau hir y nos a chwsg ar ffo
Cerddant hyd lwybrau atgof gyda mi,
O un i un dychwelant yn eu tro
Y rhai a gerais ac am carodd i,
Ac maent yn union fel yr oeddynt gynt
Myfi yn unig a heneiddia mwy.
Tu hwnt i orwel amser mae eu hynt
Yn aros nes dof innau atynt hwy.
Plethwyd yn oer gydgerddded aerwy gain
Sy'n dal yn gryf er gwaethaf pydredd bedd,
Tra byddwyf fi mi wn y pery'r rhain
I'm harwain trwy drybini'r byd i'w hedd,
Ac wedi hynny gofir fi ryw dro
Yn oriau hir y nos a chwsg ar ffo.

Diolch yn fawr.

Gwilym Morris
Tan y Bwlch 1991

Hynt a Helynt Dyn Ambiwlans

Dwi 'di bod yn siarad â gwahanol gymdeithasau yn enwedig efo Merched y Wawr, yn gymaint felly nes ma'r wraig 'cw 'di mynd yn reit ofnus ac wedi mynd i ama' ma' fi sy'n gyfrifol am 'i cynnydd nhw! Dwi 'di bod mewn gwahanol lefydd: ysgolion, festrïoedd capeli, neuaddau pentre, ond fûm i rioed tan heddiw yn siarad yn y plas.

Oedd 'na etholiad yn Llangernyw, etholiad cyffredinol ond dwi'n sôn am ddalgylch Llangernyw a Phandy Tudur ac ro'dd tad y diweddar Jim Goddard yn gefnogwr mawr i Blaid Cymru. A fe ddaru o aflonyddu ar y blaid Ryddfrydol ym Mhandy Tudur oherwydd o'dd o 'di plastro posteri ym mhob twll a chornel ym Mhandy Tudur, welech chi ddim byd ond y Blaid, Plaid Cymru. Ag o' 'na rhyw wraig yn friwedig iawn 'i hysbryd yn siop y Pandy – Rhyddfrydwraig – ac roedd hi'n meddwl basa hi'n rhoi rhyw sgriw iddo fo yng ngŵydd pawb yn y siop.

'Dwi'n deall bo' chi 'di bod yn brysur iawn o gwmpas y lle 'ma Mr Goddard. Papuro.'

'Wel do, Mrs . . .' – 'na i'm deud pwy.

'Wel os o's gynnoch chi amser sbâr Mr Goddard, ma' gynna i ddigon o waith papuro yn y tŷ 'cw.'

Dyma fo'n rhoi 'i law ar 'i hysgwydd hi,

'Mrs bach, faswn i'n dod acw yn union i'ch helpu chi, ond dwi'n ofni neith y papur sy' gynna i ddim sticio ar 'ych wal chi.'

Rydwi am ymlwybro i sôn am atgofion a phrofiadau ddaeth i'm rhan i pan o'n i yn yr uchel alwedigaeth, yn rhyw ddyn ambiwlans.

Pwy mewn gwirionedd sy' isio clywed am y gair 'ambiwlans' hefyd yndê. Dim ond mewn amgylchiad o waeledd, ac wrth edrych o gwmpas, do's 'na'm golwg wael ar un copa ohonach chi. Dach chi'n batrwm o bobol sy'n mwynhau moethau a maldod Tan y Bwlch 'ma.

Rydw i wedi gadael y gwasanaeth oddi ar un naw chwech naw. Er hynny ychi, dwi o hyd yn rhyw ddyn ambiwlans, mae o fel 'sa fo yn ngwead 'y ngwaed i. Unwaith yn ddyn ambiwlans, yn dragwyddol ddyn ambiwlans. Ond doedd pobol ddim bob amser yn awyddus i ngweld i, a chystal i mi roi rhyw enghraifft neu ddwy i brofi'r gosodiad.

O'n i'n mynd i ryw aelwyd arbennig yn o fynnych – teulu o'dd yn amal iawn dan gwmwl afiechyd, a ma' 'na deuluoedd fel'na i'w cael 'does, fel 'sa'n nhw'n ca'l mwy na'u siâr o ddrycinoedd yr hen fyd 'ma. A fûm i yno droeon a thro, ond trwy ryw ryfedd wyrth a thrugaredd mawr, aeth amser maith heibio heb angen mynd yno o gwbwl. Ac ymhen amser, ma' fi'n digwydd gweld y gŵr yn un o strydoedd Llanrwst, ac yn naturiol ddigon dyma fi'n ymlwybro i'w gyfeiriad o a deud,

'Duwch annwyl gyfaill, sut 'dach chi, dwi'm 'di'ch gweld chi ers talwm.'

Wyddoch chi be ddeudodd o?

'Wel naddo, diolch i Dduw am hynny!'

Credwch chi fi, peth arswydus o'dd clywad pobol ar balmant y stryd 'n mynd i weddi gyhoeddus, ac yn diolch i Dduw mawr, nad o'm 'di'ch gweld chi.

A thrachefn, fydda plant bach Llanrwst 'na, pan o'n nhw'n ngweld i'n dod gyda'r drol, yn rhyw foesgrymu ac yn ymgroesi'u hunain a'u bysedd bach nes o'n i 'di mynd yn bur anesmwyth, meddwl bod 'na wbath Pabyddol yn 'y ngolwg i. A mi benderfynais y baswn i'n stopio'r ambiwlans a gofyn iddyn nhw, beth oedd ystyr y fath stumiau. Ac yn y cyfnod hwnnw, beth bynnag, yn Saesneg oedd plant bach Llanrwst yn siarad Cymraeg. Ond wyddoch chi beth o'dd yr atab?

'Touch your toes and touch your nose, and pray God I never go in one of those.'

Dyna ddigon i brofi i chi a fi nad oedd pobol yn gyffredin felly yn orawyddus i ngweld i!

Wel, yn gyntaf, dwi am drafod cefndir cyntefig y gwaith ac yna tyfiant a datblygiad y gwaith, ac yn olaf ac yng ngwead hynny, y cymeriadau doniol a diddorol ddois i wyneb yn wyneb â nhw yng nghanol stormydd enbyd bywyd. Oblegid, roedd i'r gwaith ei dristwch a'i lawenydd, a dyna yw bywyd yn siŵr o fod yndê, fel mae 'di'i ddisgrifio'n gynnil ond yn gyfoethog iawn gan un o feirdd Cymru pan ddywedodd o,

> Gwên a gormes, gwin a gwermod yw'r oes
> > Orau un ei chyfnod
> > Hwyliwch chi, haul a chawod
> > Munudau Duw yn mynd a dod.

Wel, gyda'ch caniatâd, a chithau'n gwenu fel y gwanwyn, dwi am fynd i'r gorffennol pell er ceisio cael sylfaen a sylwedd i'r hyn y bydda i'n geisio'i ddeud. Ac o edrych yn ôl dros ysgwydd y canrifoedd – ac mae edrych yn ôl yn sbarduno dyn i fynd yn 'i flaen yn siŵr – fe gawn yn y gyfrol sanctaidd ddarlun clasur o'r dyn ambiwlans os mynnwch chi: y Samaritan Trugarog. Ia, chi'n gwybod, yr hen Lefiad yna, balch, ffroenuchel, hunanol, yn cerdded o'r tu arall heibio heb gynnig help i'r sawl oedd yn llai ffodus. Ac mae y math hwnnw, yn anffodus, yn ein cymdeithas ni heddiw, yn credu mai eiddof fi yw f'eiddo fi, mi a'i cadwaf. A 'dyn mae yr hen leidar cas a chreulon 'na yn credu mai eiddo arall yw f'eiddo i, mi a'i cymeraf. Ond diolch bod y Samariad hefyd yn y gymdeithas heddiw, ac yn credu'n wahanol i'r ddau

91

arall, ac medda hwn, fy eiddo fi, yw eiddo arall, mi a'i rhannaf. A dyna wna yr ymgeleddwr yn ein cyfnod a'n cenhedlaeth ni, ydi cynorthwyo pwy bynnag sy'n llai ffodus nag ef ar ffordd bywyd.

Tuedd llawer heddiw ydi crafangu yn hytrach na chyfrannu. R. H. Jones, Llanfihangel Glyn Myfyr yn ei lyfr *Drws Agored*, sy' 'di deud,

Rhanna dy bethau gorau,
Rhanna a thi yn dlawd,
Rhanna dy wên a'th gariad,
Rhanna dy gydymdeimlad,
Rhanna dy nefoedd frawd,
Rhyw nefoedd wael yw eiddo'r dyn
Fu'n cadw'r nefoedd iddo'i hun.

Wel rŵan 'ta, mi ddo i lawer iawn nes adra ŵan i le o'r enw Ysbyty Ifan. Ia, Ysbyty Ifan. Hen enw am Ioan – Ifan. O'na ysbyty yno yn un un wyth naw, wedi'i sefydlu gan Ifan ap Rhys, a phrif waith yr ysbytwyr bryd hynny oedd rhoi nodded i bererinion ar 'u taith drwy Gymru 'ma. Meddyliwch chi am ysbyty yng ngogledd Cymru 'ma cyn sôn am Lloyd George na'r Wladwriaeth Les, a mi ddaru Dafydd Nanmor, y bardd, ddeud wrth ganmol un am ei garedigrwydd,

Y tŷ fel 'Sbyty Ifan
Fu ei dai o fwyd i wan.

Wel, diddorol iawn ychi, fan'no cychwynnodd
Cymdeithas Ambiwlans Sant Ioan y gogledd 'ma, chi'n
gwybod, y bobol 'ma welwch chi nhw 'di'u gwisgo mewn
dillad du a gwyn. Maent ymhob man lle mae'r torfeydd yn
tyrru, yno i weini yn ôl y gofyn a'r galw. Fan'no
cychwynnodd Cymdeithas Ambiwlans Sant Ioan yn y
gogledd 'ma. A thu mewn i'r hen eglwys, nid yr un
bresennol, ond gyda llaw mae'r eglwys 'di'i chysegru i un o'r
saint mwyaf, Sant Ioan Fedyddiwr, ag o' 'na englyn 'di naddu
yn y mur, ac mae cynnwys yr englyn yn deud y cyfan,

Cofia'r tlawd, dy frawd di-fri – gwan eiddil
    Gwna iddo dosturi,
  Dod gardod i dlodi
  Diau y tâl Duw i ti.

Ma' rhaid bod yr awydd i fod yn ddyn ambiwlans wedi
cydio yna i yn gynnar iawn – pan o'n i'n hen hogyn ysgol ma'
raid – oblegid mewn steddfod leol, o'dd 'na limrig, a fel hyn
o'dd y limrig yn mynd – ne linell goll,

Rhyw ffermwr cadd ddamwain wrth feicio
Fe'i cafwyd ar lawr wedi brifo,

93

A'i wyneb yn wyn
Dywedodd yn syn

A beth ddwedodd o? O'n i'm yn y steddfod, ond dwi'n cofio 'Nhad yn neffro fi yn deud mod i 'di'i guro fo yn y llinell goll!

A'i wyneb yn wyn
Dywedodd yn syn

A dyma'r llinell:

Hei lwc daw yr ambiwlans heibio.

A bod y beirniad 'di deud, pe baech chi ar lawr wedi brifo, dyna'r union beth fasach chi'n dymuno ac yn gweddïo i ddod heibio chi.

Wedi i mi adael yr ysgol, mi es i'n was bach ar ryw ddyddyn, ac ymuno â Chymdeithas Ambiwlans yn y Llan – do' 'na'm ambiwlans yn y Llan, dim ond y Gymdeithas bryd hyn. O'n i'n gweithio rhyw ddwy filltir o Langernyw, rhwng Llansannan a Llangernyw, a fyddwn i'n teithio ar gefn beic, ac ym mag y beic yn cario offer ymgeledd, cadachau a phethau angenrheidiol rhag ofn y deuwn wyneb yn wyneb â damwain allaswn i fod o gymorth cyfamserol. A dwi'n cofio ym mis Chwefror un naw pedwar dau, o'n i wrthi'n torri coed ar y tyddyn 'ma. Oedd hi'n eithriadol o oer, ac mi glywn i sŵn sgidia hoelion trwm yn sgythru i lawr y ffordd, a daeth ataf ddyn yn dyferol o chwys ar waetha'r hin oer, a methu â chael ei eiriau allan. Ac wedi i mi 'i ddarbwyllo fo, darganfyddais fod 'na ddamwain wedi bod i fyny'r ffordd yn y fferm agosa, a ffwrdd â fi ar gefn y beic, ac yno er siom, braw a syndod roedd fy nghyfaill, y ciartar o fferm gyfagos, yn gorwedd yn gelain, trwy fod olwyn y drol wedi mynd dros 'i ben.

Dyna'r tro cynta i mi fod yn lygad-dyst o farwolaeth, a'r tro cynta i mi ymgeleddu. Do'dd gynnon ni – dwi'n meddwl bo gynnyn nhw heddiw – yr hawl i ddeud bod neb wedi marw. Ma'n rhaid i'r meddyg ddod i gyhoeddi'r ddedfryd yna. Ac mi fûm i ar fy ngliniau am oddeutu hanner awr yn ceisio adfer ei fywyd pan ddaeth y meddyg heibio, a deud mai ofer oedd pob ymdrech gan fod y ddamwain yn un angeuol. Allwch chi feddwl fu'r amgylchiadau yna ddim llawer o gysur i mi, ar wahân i'r ffaith mod i 'di gwneud y gorau yn yr amgylchiadau.

Sut bynnag, dal ymlaen yn y Gymdeithas, ac yn wir i chi, mi ddaru'r Gymdeithas benderfynu y basan nhw yn ca'l ambiwlans i Langernyw, a hynny ar bwys bod 'na gymdeithasau fel y Groes Goch a Sant Ioan yn 'u llogi nhw am ugian punt y flwyddyn, hen ambiwlansys oedd wedi bod yn gwasanaethu yn y Rhyfel Byd. Oeddan nhw'n rhent o ugian punt y flwyddyn, a'r Gymdeithas yn gyfrifol i gynnal a chadw. Dwy dunnall o drol, lle i gario pedwar, dim ond yn 'neud rhyw bymthag milltir i'r galwyn, ac roeddan ni'n cynnal ryw whist dreifs a chanu carolau yn y Nadolig tan bump o'r gloch bora. O'ddan ni'n ca'l ugian punt hefyd am ganu ne' fod yn dawel! Ag o'dd hynny yn y cyfnod yna yn help rhag i mi or-drethu y cleifion, oherwydd doedd y gwasanaeth ddim wedi'i genedlaetholi yn y cyfnod dan sylw. Yn y cyfnod yma, wyddoch chi, o'dd gan bawb hawl i alw ambiwlans, o ddoctor i dramp, heb fynd drwy unrhyw swyddfa swyddogol.

Yn y cyfnod yma doedd 'na'm llawer o deliffons, a doedd 'na ddim yn y ffarm lle'r o'n i'n gweithio, ond mi o'dd 'na un yn y ffarm agosa, rhyw led dau gae i ffwrdd. A dyma'r drefn i ngha'l i allan – y ffôn yn dod gan y meddyg i'r gyfnewidfa ffôn yn Llangernyw, rheiny'n ffonio'r fferm gyfagos, y ffarmwr neu'i fab yn dod yn amal iawn ar gefn ceffyl ar draws y caeau i ddeu'tha i, finna wedyn yn neidio ar gefn y beic, torchi 'nhr'wsus a mynd yn y tr'wsus half-mast 'ma ddwy filltir i'r Llan, dim amsar i newid oherwydd y brys, neidio i'r ambiwlans a ffwrdd â fi.

Wel, beth bynnag i chi, erbyn heddiw mae'r gwasanaeth, fel 'dach chi'n gwybod, wedi ei wladoli, a fûm i'n gwneud y gwaith yn wirfoddol am ddeng mlynedd, a deuddeg mlynedd yn gyflogedig.

Mae'r gwaith yn galw am aberth, amynedd, cydymdeimlad a chariad angerddol i barhau ymlaen dan amgylchiadau dyrys, anodd ac anorfod. Ddwedwn ni bod yn rhaid i chi fod wedi'ch ymroi i'r gwaith i'w gyflawni yn gywir.

Amgylchiadau oedd yn penderfynu pryd oeddach chi'n ca'l bwyd, cwsg a noswyl. Efallai bod y ffaith i mi fod wedi ca'l profiad o angen ambiwlans pan yn blentyn ysgol, wedi bod yn gymorth i mi gydymdeimlo â phobol eraill. Dyma i chi enghraifft unigryw.

Dwi'n cofio i ddwy chwaer a minnau, pan o'n ni'n blant ysgol, ga'l 'yn cludo yn yr un ambiwlans, yr un diwrnod, i'r un ysbyty, dan afiechyd heintus y diphtheria, i Groesynyd. Roedd 'na ambiwlans arbennig i neud y job honno, doedd hi'n gneud dim byd arall. Roedd yn groes go drom i'm rhieni, oherwydd doedd 'na ddim addewid fawr iawn o feddyginiaeth y dyddiau hynny. A dwi'n siŵr bod hwnnw wedi bod o brofiad i mi gydymddwyn a chydymdeimlo â phobol eraill.

Wel, mi ddechreuais yn un naw pump saith ar delerau amser llawn, a wyddoch chi o'dd pobol yn cymryd mantais o'r gwasanaeth. Ar y dechra o'n i'n cario pobol i ga'l dannedd gosod, sbectol, a hyd yn oed gwallt gosod. Ro'dd pobol yn cymryd mantais andwyol o'r gwasanaeth, ond mae hi 'di gwella yn y cyfeiriad yna. Ac mae'n rhaid i bob galwad fynd drwy swyddfa ganolog ac mae 'na radio, rhwydwaith radio, a rhif i bob dreifar a phob trol. Roeddan ni'n colli'n henwau bedydd yn nyfodiad y rhwydwaith radio, oblegid pump tri wyth oeddwn i. John Cwm o'n i cyn hynny! A chyda llaw, tra 'dwi'n sôn am y John Cwm 'ma, mae'r mewnfudwyr 'ma yn dod i mewn, ac am 'mod i'n dipyn o ryw gynghorydd yn trio bod, maen nhw isio rhyw betha, ac maen nhw'n cl'wad am y John Cwm 'ma, ac maen nhw'n dod acw, yn curo drws, a ma'r 'etholedig arglwyddes' yn mynd i'r drws.

'*Is Mr Cwm here?*'

'*Yes, come in.*'

Fydda i'n ca'l fy ngalw'n bob math o betha ychi. Dwi 'di ca'l 'y ngalw'n '*Man from the mountain*' o flaen siambar lawn yn y Cyngor, wrth drio achub cam y Gymraeg. O'n 'i'm 'di meddwl deud hyn, ond well i mi ddeud o, dach chi fel 'sach chi'n licio storïau. O'dd isio enw Cymraeg ar ryw le ym Mhensarn, Abergele 'na – a 'dio ddim yn 'y nalgylch i, er ei fod o o fewn y bwrdeisdref dach chi'n gweld yndê – a fe gododd rhyw foi o Fanceinion sy' ar y Cyngor, o'r enw Terry Walsh – dipyn o derier o'dd o hefyd – a dyma fo'n deud,

'*It's absolutely ridiculous to change it into Welsh. It's been English for decades,*' medda fo. '*Why change it now? And furthermore,*' medda fo, '*you've no legal right to change it. It's a matter for central government.*'

A dyma John Cwm yn cynhyrfu! Ac yn codi ar 'i draed ac yn deud,

'*I don't know whether Councillor Walsh is ignorant or whether he is trying to bluff this Council, it's nothing at all to do with central government. They're responsible for directional signs and we as local authority are responsible for place-names, and as for the reference made by Terry Walsh that it's been South Parade for decades, it doesn't*

98

mean to say that it's got to be for the next decade. There's a Welsh revival taking place in Wales as far as the Welsh language is concerned,' medde John Cwm. 'Let us give it our wholehearted support.'

Rhyw hen gownsilor Dutton arall o Fanceinion yn codi ar 'i draed, a dyma'i eiriau o,

'I'm deplored listening to a man from the mountain telling us what place-names we're to have in Abergele.'

Ac mewn lle o'r enw Green Avenue, Kinmel Bay o'dd o'n byw, a mi godais drachefn a mi ddudis i,

'I don't know precisely what Councillor Dutton means when he refers to me as a man from the mountain, unless his English vocabulary is so limited that he really means a rural member. But be that as it may,' meddwn i, yn trio troi'r dirmyg yn anrhydedd, *'May I remind Councillor Dutton that the greatest Biblical leader, the law-giver Moses, came from the mountain, and I know that Councillor Dutton lives in a place known as Green Avenue, and for that very reason I wouldn't suggest for this Council to change his place-name, because he's as green as we can make them.'*

Wel, roeddan ni'n siarad mewn damhegion ar y rhwydwaith radio 'ma, oblegid roedd amser yn bwysig. A dyma ddamhegion y rhwydwaith radio dach chi'n gweld, 'sa'n ni'n teithio'n las, o'na rywun yn y drol a lle i ragor, os o'n ni'n teithio'n goch, galwad frys, teithio'n felyn, o' 'na ryw afiechyd heintus, os o'n ni'n teithio'n ddu, rhywun 'di marw.

Ond o'dd y lliwiau 'na'n golygu brawddeg dach chi'n gweld. Amsar yn bwysig. Ac os 'ddan ni 'di derbyn y negeseuon yn ddarllenadwy ac yn ddealladwy, y cwbl o'n ni'n deud o'dd *'Roger, message received and understood'.* 'Di'i dderbyn yn ddealladwy. *'Roger.'*

Roedd gynna i hen frawd dros 'i bedwar ugian 'di mynnu ista'n tu blaen yr ambiwlans hefo fi, ac yn cymryd rhyw ddiddordeb anghyffredin, a'r negeseuon 'ma'n dŵad yn un llinyn, a finna'n cydnabod nhw. *'Roger.' 'Roger.' 'Roger.'* A fynta ishio torri mewn am sgwrs dach chi'n gweld.

'Dŵad i mi pwy ddiawl 'di'r rhen Roger 'ma?'

A thro arall ychi, o'dd 'na hen wreigan yn ista'n tu ôl yr ambiwlans, a'r hen radio 'ma'n mynd, a dyma hi'n llithro y ffenast derfyn o' rhyngthon ni,

'Drychwch chi yma, allwch chi gau yr hen weiarles 'na i ffwrdd, 'sna i ddim o'i isio fo,' medda hi.

O'n i'n mynd â rhei gartre o'r ysbyty o bryd i'w gilydd, a dwi'n cofio mynd â'r cyfaill yma, ac yn ei freichio i fyny llwybr yr ardd, a dyma fi'n deu'tho fo,

'Dyma'ch cartra chi.' '

'Nagi,' medda fo, 'cartra'n chwaer ydi hwn. Lojar 'ma dwi.'

Dwi'n deud hynny er mwyn deud peth arall, o'na rai enghreifftiau chi'n gweld, pan oedd y cleifion ddim yn or-awyddus i adael yr ysbyty am gartra. Pam? Am bod nhw'n ca'l mwy o gariad a chydymdeimlad gan amball i nyrs, nag o'dd i'w ga'l o gyfeiriad pethynas ar yr aelwyd gartra. Duw a'n gwaredo ni, rhag i berthnasau fynd yn lojars.

Wel rŵan 'ta, hen wreigan arall, o'n i'n mynd â hi ddwywaith neu dair yr wythnos i Landudno 'na i ga'l ffisiotherapi, ac roedd hi 'di llwyddo i heneiddio'n rasol iawn, a bob tro o'n i'n 'i breichio hi ag yn mynd â hi at riniog y drws, bydda hi'n cynnal rhyw wasanaeth o ddiolchgarwch. Ac ym mis Rhagfyr o'dd hi, ma'n bwysig i chi gofio'r adag,

'Be ga' i roid i chi, sgynna i'm byd i'w roi chwaith,' medda hi.

A finna'n deud,

'Does dim eisiau i chi roi dim byd i mi, 'y nyletswydd i 'di'ch cludo chi'n ôl y gofyn a'r galw.'

Ond anfodlon o'dd hi, chi'n gweld, isio rhoi a dim byd i'w roi. A dyma hi'n codi bys ac yn cyfeirio'i bys i ben draw y berllan,

'Dowch chi yma yn yr haf 'y machgen i, mi gewch chi ddigon o gwsberins.'

Roedd hi yng ngafaelion gaeaf bywyd, eisiau rhoi a dim byd i'w roddi. Ond o'dd hi'n gwybod y bydda Rhagluniaeth yn rhoi pan ddeuai'r haf trwy gyfrwng gwsberins. Ond y cwestiwn i chi a fi yn Nhan y Bwlch ydi, faint ohonan ni dybad fydd yn meddu digon o ffydd i weld gobaith haf pan mae brigau'r coed yn foel o flagur.

Mi ddylaswn i fod wedi deu'tha chi, cyn i ni ga'l y system radio 'ma, wyddoch chi, beth o'dd y drefn? Roedd yn rhaid i mi fynd i'r Albion, tafarn ydi'r Albion os o's angen deud hynny, yn Llanrwst, rhag ofn bod 'na neges wedi dod drw' ffôn, er pan gadewais i Langernyw, fel y gallwn i godi rhagor ar y ffordd i lawr i Landudno neu Fae Colwyn. A'r un drefn cyn dychwelyd am Langernyw, stopio'n yr Albion yn Llanrwst. O ganlyniad ro'dd yr ambiwlans yn amal iawn tu allan i'r Albion! A wyddoch chi beth o'dd pobol gonest cefn gwlad, fydda'n dod lawr i ffair a marchnad yn ddeud,

'Dydi'n biti bod yr hen ddyn ambiwlans 'na yn hel yr hen ddiod 'na 'dwch.'

Hawdd iawn ca'l bai ar gam dydi. Er cofiwch chi ges i nhemtio un tro i yfad whisgi. O'n i 'di cario doctor o'dd yn wael, dod â fo ar stretcher o Fangor i Lanrwst, a 'di osod o'n esmwyth yn 'i wely a dyma fo'n deud w'th y wraig,

'Dos i nôl 'm'bach o wisgi iddo fo.'

'Yw, na, fydda i byth twtshiad yno fo,' meddwn i.

A dyma hi'n dechre dŵad efo . . . be' chi'n galw . . . dŵad efo . . . be' chi'n galw o . . .

Ateb o'r gynulleidfa: Decanter

O, o'n i'n meddwl 'sach chi'n gwybod yn well na fi!

'Na, s'gynna i ddim o'i eisio,' medda fi, 'Na, na i ddim cymryd.'

'Ond cymrwch dipyn bach yn 'ych te, ta,' medda fo,

'Na, na wir.'

'Dowch,' medda fo.

Ond o'n i mewn lle ofnadwy 'dwch.

'Ma'n beth da i'r galon,' medda fo.

'Falla bod o, ma'n beth drwg drybeilig i'r pen,' meddwn i.

A mi ddes i o'no yn ddi-wisgi!

A beth bynnag i chi, pan o'n i'n dechrau yn y gwasanaeth, do' gynnan ni ddim dillad – peidiwch â meddwl bod ni'n noethlymun – ond o'dd gynna i ddim dillad swyddogol. Ond o bryd i'w gilydd gawsom ni'n dilladu gan yr Awdurdod o'r brig i'r gwraidd. Ac ym mlaen y cap yr oedd y groes ac uwchben y groes roedd y geiriau 'Duw a digon'. Ond roedd rhei o'r hogia yn meddwl ma' camgymeriad o'dd o, ma' 'Duw a'n helpo' y dylasa fod yndê! Ac o boptu labeli y siaced, DCC – be' o' hwnna? Ia, yr hen sir Ddimbach, ac oeddan ni'n meddwl mai 'Dynion Cryfion Cymru' oeddan ni, neu 'Dynion Cario Cleifion'!

Wel, beth bynnag i chi, do'n i'm 'di bod yn y gwasanaeth yn ryw hir iawn, mi ges i wahoddiad i'r pencadlys o flaen swyddog meddygol y sir. Ac fel gwas ufudd cyflogedig, dyma fi'n mynd, a dyma fo'n deu'tha i i ista lawr, a gofyn i mi faswn i'n licio rhyw bythefnos yn Lloegar i wneud rhyw gwrs, heb fanylu dim beth oedd y cwrs. A do'n i rioed 'di bod yn Lloegar yn aros, ag o'n i'n meddwl bod o'n gyfle i mi fynd dros y ffin ac yn gyfle i mi ga'l ychydig bach o wylia, ac heb holi dim, deud baswn i'n mynd.

'Reit,' medda fo, 'mi wna i'r trefniadau i gyd. Mi sgrifenna i, ac mi glywi di gan yr awdurdodau o hyn i ben y pythefnos.'

Ac yn wir i chi, mi dda'th 'na lythyr o'r Swyddfa Gartref

yn Llundan, os gwelwch yn dda, yn deu'tha i i fynd i Falfield, Gloucestershire i 'neud rhyw gwrs ynglŷn â'r hen bom atom felltith 'ma. Daswn i'n gwybod faswn i ddim 'di mynd. 'Oeddwn i'n llyfu'r llaeth a gollwyd, ond yn rhy ddiweddar. A'r manylion yn deud bod isio mynd i Temple Meads Station, Bryste efo'r trên, a wedyn fydda 'na gerbyd yn cludo ni i'r tŷ bonedd, y cwrs hyfforddi 'ma. Wel, a deud y gwir 'tha chi, o'n i fel Abram yn mynd, dim yn gwybod yn iawn ble o'n i'n mynd.

Wel, beth bynnag i chi, cyrraedd Temple Meads Station 'ma, a finna rioed 'di bod tu allan i ddalgylch yr hen wlad 'ma. Dim un Cymro yna, pawb yn siarad iaith 'i hun chwarae teg iddo fo – iaith Saesneg. Dynion boliog rhad – dynion yr Anthony Eden hats, bowler hats, dynion yr ymbarél a'r brîffcesys, dynion y cetyn, y sigârs a'r sigaréts. O'n i'n teimlo fel pysgodyn allan o ddŵr. Llygoden fach tu allan i St Paul's Cathedral. A toc i chi, dyma'r rhybudd yn deud bod y cerbyd yn barod i fynd â ni o orsaf Temple Meads i Falfield, symud a siarad trwy strydoedd prysur Bryste, a chyrraedd yr hen dŷ bonedd 'ma, 'wbath tebyg i Plas Tan y Bwlch 'ma, yng nghanol y wlad. Ac fel 'ddan ni'n disgyn o'r bys, o'na ddyn pwysig a chap pîg a'r goron ym mlaen 'i gap, a mewn llythrennau bras mewn bràs 'ER – Elizabeth Reigns'. Ag o'dd o isio gwybod 'ych enw chi a'ch cyfeiriad chi cyn deud lle oeddach chi i fynd. Ac mi ddo'th 'y nhro i chi, a dyma fo'n gofyn yn enw fi, a finna'n deud, ac ar ôl iddo ga'l y cyfryw wybodaeth, dyma fo'n rhoid disg yn fa'ma,

'*From now onwards*,' medda fo, '*you will be known by your number. You are number twenty-three, go to room seventy-five and we come to the main dining room from nineteen hundred hours*,' medda fo.

O'n i 'di dychryn. O'dd gynna i'm syniad be' o' *nineteen hundred hours*, achos os o'dd rhaid 'mi ddisgwyl am *nineteen hundred hours* cyn ca'l pryd o fwyd, faswn i 'di llwgu!

Faint o stafelloedd sy' 'ma?

Twm Elias: Rhyw hanner cant

Ie, wel, o'dd o'n fwy na hynna, achos o'n i yn rhif saith deg pump, a chwilio ar hyd y llwybr yma a'r llwybr arall am stafell saith deg pump, a cha'l hyd iddi hi – rhyw stafell glyd, gwres canolog, dŵr oer, dŵr poeth, morwyn i lanhau'ch sgidia chi, morwyn i 'neud 'ych gwely chi – nid i fynd i'r gwely cofiwch! Elizabeth Reigns debyg iawn!

Wel, dyma siafio a golchi a thacluso i fynd i'r wledd *nineteen hundred hours* 'ma, ag o'dd bob cwr o Loegar 'na, ac os o'n i isio siarad Cymraeg yno, 'sa raid mi siarad 'fo fi fy hun. A dyma rhyw Brigadier mawr, fel post teligraff, yn codi ar 'i draed,

'*For what we are about to receive, thank God*,' medda fo.

Gofyn bendith o'dd o, yn oeraidd a di-deimlad. Pawb yn dechra claddu cynnwys y bwrdd, ac yn ystod y wledd, dyma

fo ar 'i draed drachefn – un o frolgwn Lloegar o'dd o gyda
llaw,

"*Tis now my pleasant duty,* medda fo, '*to ask you to be
upstanding to drink to the health of Her Royal Highness the
Queen.*'

A chan mai iechyd y frenhines o'dd gynno fo dan sylw, mi
yfais i o mewn dŵr gloyw glân.

Ond sylwch chi, o'n i'n meddwl bod o 'di 'neud gwell job
o gynnig llwncdestun i'r frenhines na 'nath o o ofyn bendith
i'r Brenin Mawr. Ac o'n i'n holi fy hun, ys gwn i pam? A nes
i gysuro fy hun, bod o'n nabod y frenhines yn well na'r
Brenin Mawr!

Wel, yng nghanol y wledd o'dd 'na ryw foi o Lundan.
Cocni 'chi, 'na chi rei garw 'di rheiny, ag o'dd o 'di dallt mod
i'n dod o Gymru fach, acenion Cymraeg 'ma'n 'de, does dim
eisiau cuddio nhw nagoes. Dyma fo'n gofyn rhyw hen
gwestiwn gwirion i mi 'chi,

'*Where do you come from Taff?*' medda fo.

A ma'r gyfrol yn deu'thach chi i ateb yr ynfyd yn ôl ei
ynfydrwydd dydi. A ma' fi'n deud,

'*I come from Wales. Where do you come from Cock?*'

Ceiliog yn clocian ar doman 'i hun, a chi be ddudodd o
wedyn?

"*Tis only once I've been to bloody Wales,*' medda fo, '*and
I said if I ever go to the place again, I'd put the place on fire.*'

'*Good gracious me,*' medda fi, '*what to you mean by making sweeping statements like that?*'

'*Oh, I was there during the war,*' medda fo.

Duwch 'di hen betha'n mynd 'di.

'*And I couldn't get a drink on Sunday,*' medda fo.

'*No,*' meddwn i, '*and I pray to God that we'll never see the day.*'

Mae 'di newid.

'*One thing you must realise, that we are a nation different to that of England,*' meddwn i, '*and we've every right to rule it in our own way.*'

'*Oh, you're a bloody narrow-minded ignorant lot of people,*' medda fo.

'*Why do you say that?*' meddwn i.

'*Oh, you speak English for a while with us,*' medda fo, '*and a few Welsh people come along and you switch over to the Welsh language, and we're forgotten.*'

'*Yes,*' meddwn i, '*and I can assure you it will continue to happen. May I remind you that I've left Wales for England, but how many of your lot are speaking Welsh for my benefit? Not one of you, you narrow-minded ignorant lot of people.*'

Dyn â llygad croes gynno fo ddim yn gweld pethau yn y cyswllt priodol, ond mi drôth yn gyfaill mynwesol iawn wedi'r pregethu 'ma.

O'na un peth arall yn fwrn ar 'yn enaid i hefyd, roedd hi'n '*Christ this*' a '*Christ that*'. A fedra i ddim diodda pobol yn cymryd enw 'Ngwaredwr yn ofer. Gormod o amaethwyr yn y ffeiriau 'ma, a phobol tafarnau'n neud o, dio'm yn iawn, ma isio i chi ddeu'thyn nhw. Ag o'n i isio iddo fo wybod bod o'n gneud.

'*Good gracious me, you're a very religious man aren't you,*' medde fi.

'*What do you mean?*' medda fo.

'*Well if I'm not mistaken, I've heard you mentioning Christ several times today.*'

Rhaid mi beidio datgelu dim o'r hyn a welais ac a glywais ar y cwrs melltigedig yna. Roedd rhai o'r hogia'n mynd yn dipiau rhacs, a dwi'n cofio'r hen Brigadier 'ma yn mynd â ni i ryw foncyff tu allan i'r plas rhyw ddiwrnod, ac yn deu'than ni pe digwyddai i'r hen fom 'na ddisgyn mi fydda'r holl goedwig wedi dadwreiddio a'r holl ddalgylch o'ddan ni'n weld, ac o'ddan ni'n gweld yn eang iawn, yn un mynwent fawr. A wyddoch chi ar y bryn yn y pellter o'dd 'na gofeb i William Tyndale oedd wedi cyfieithu'r Testament Newydd i'r Saesneg, a'i wobr am wneud hynny o'dd 'i losgi wrth y stanciau yn un pump tri chwech, am gyfieithu'r Gair i'r Saesneg. Teimlwn gywilydd o fod yn ymhél â'r fath erchylltra a'r fath ragrith. Roeddwn i'n falch i gefnu ar y lle a dychwelyd i baradwys Llangernyw.

Galwadau, rhai gweinidogion yn brin o alwadau, do'dd dyn ambiwlans byth yn brin o alwad. Ac roedd y galwadau nos yn golygu bod 'na un o ddau beth, bod 'na rhywun ar fynd o'r hen fyd 'ma neu bod 'na rywun yn trio dŵad i'r hen fyd 'ma. A chredwch chi fi, ro'dd y *maternity cases* yn 'nychryn i'n waeth o lawer na'r *eternity cases*.

Er y cefais i enedigaeth yn yr ambiwlans rywdro wyddoch chi, ar allt Llanrwst wrth Pant Siglan, nes o'n i'n siglo drwydda. O'n i'n meddwl ma' fi o'n ca'l y babi a deud y gwir 'tha chi.

Wel, dwi 'di bod mewn gwahanol lefydd. Do'dd amser ddim yn cyfrif mewn gwirionedd yn y cyfnod hwnnw. Ma' 'na shifftiau a phetha felly heddiw. Ond yn swyddogol doeddwn i ddim ar alwad y noson honno, ag o'n i 'di mynd am fàth, a dyma'r ffôn yn mynd a'r wraig yn atab, a deud 'mod i yn y bàth, nad o'n i'm yn swyddogol ar alwad. A'r neges ddo'th yn ôl yn deud bod 'na ddamwain tua Llansannan 'na, ond doedd ambiwlans Abergele, Dimbach na Rhuthun ar gael. A dyma'r wraig yn dod i ddeu'tha i y sefyllfa. Wel, pan glywis i hynny dyma fi'n neidio o'r bàth, es i'm i lawar o drafferth i sychu fy hun gan 'mod i'n Fedyddiwr wrth natur ac argyhoeddiad, a phan gyrhaeddais i'r sefyllfa, safle'r ddamwain – dau Fedyddiwr wedi mynd yn benben i'w gilydd a'r Bedyddiwr o'r bàth yn 'u hymgeleddu nhw.

Ond un o'r galwadau rhyfeddol dda'th i mi erioed oedd ym mis Chwefror. Roedd 'i'n arbennig o oer, o'dd y *Daily Post* wedi rhoi datganiad fod dŵr Llandrillo – môr Llandrillo-yn-Rhos – wedi rhewi. Ac ro'n i 'di parcio tu allan i Ysbyty Bae Colwyn. A dyma nyrs i ddrws y 'sbyty a deud bod isio fi ar y ffôn. Mi es i ar y ffôn – dyma'r neges, bod 'na wraig mewn gwewyr esgor rhwng Llangernyw a Llansannan, a fel o'n i'n deu'thach chi o'dd galwadau fel'na'n 'y nychryn i, rhag ofn i'r babis weld golau dydd cyn i mi gyrraedd cysgod hospital. Wel, dyma fynd ar draws gwlad gymaint fyth ag y medrwn i, a mynd a mynd gymaint ag yr âi'r olwynion ar draws gwlad, ond er cymaint y mynd, o'na efeilliaid wedi cyrraedd o' mlaen i. Ond chwarae teg, dŵad o'ddan nhw a mynd o'ddwn i 'de. Ro'dd tipyn o wahaniaeth rhwng y ddwy daith.

Ond gwaeth na hynny – neith y merched 'ma ddim cysgu heno – gwaeth na hynny, babis gan wraig o'm yn disgwyl babi heb sôn am fabis. Ac mae hynny'n bosibl mewn eithriadau prin. Dwi 'di bod yn dilyn hyn efo rhai meddygon. Chwi ferched Tan y Bwlch, gwyliwch a gweddïwch. Meddyliwch chi am y sefyllfa, dim darpariaeth ag o'n 'na fychan rhyw chwech oed yn llawn busnas ar yr aelwyd, a finna ofn i'r ddau 'ma rewi i farwolaeth. A gyrru neges frys i'r Prem. Unit i Lanelwy i ga'l pob peth yn barod. Meddyliwch chi am y gŵr wedi mynd allan i'w orchwyl heb freuddwydio bod o 'di archebu y fath archeb! A chyda llaw, *painter and decorator* o'dd o – 'di arfar rhoi dwy gôt i bob peth. Cyrraedd yn ddiogel ac yn ddiolchgar a'u gosod nhw'n esmwyth gyfforddus yn yr hospital. A do'n i rioed 'di trafod efeilliaid o'r blaen. A dyma fi yn mynd at y Sister a deu'th'i:

'*Can I ring this evening to see how they're getting on?*'

'*Are you a relative?*' me' hi wrtha i.

'*No,*' meddwn i.

'*Are you a shareholder?*' meddai wedyn.

'*No,*' meddwn i, '*but never in my experience and profession as an ambulance man have I dealt with twins before, and I am anxious to see how they get on.*'

A 'ma 'i'n rhoid 'i llaw ar f'ysgwydd i,

'*By all means do so,*' medda hi, '*you've been very brave.*'

Yn ddistaw bach, o'n inna'n meddwl hynny 'fyd!

Wel, rŵan, fedrwch chi feddwl am y sefyllfa 'ma yng nghefn gwlad, y newydd 'ma 'di mynd fel tân eithin, a pwy oedd yn mynd i dorri'r newydd i'r gŵr, i'r tad pan ddôi o adra. Pryderu'n ofer. Wyddoch chi pwy dorrodd y newydd mewn ffordd ddiplomataidd? Y bychan chwech oed 'ma.

'*Daddy,*' medda fo, '*the ambulance man has taken Mummy to hospital with two little monkeys.*'

Fyddwn i'n mynd i lefydd enbyd iawn hefyd 'chi, llefydd geirwon difrifol, ac un o'r llefydd hynny oedd yn y Waun, ag o'n i'm yn siŵr o'n siwrna. Yw, dyna beth rhyfadd ydi hynny, chi'n gweld, holi ffordd. Ma' pobol yn cynhyrfu pan welan nhw fflacheidia glas a'r utgyrn gwlad 'ma, a fyddwn i'n holi, dach ch'weld, lle oedd fan a'r fan,

'Pwy sy'n sâl?'

'Mr Jones.'

'Di'n mynd i ga'l babi?' medda'r ddynas 'ma, chi'n gweld.

'Mr Jones sy'n sâl, nid Musus Jones.'

'O, wela i. Wel, ewch ymlaen,' medda hi, 'a dowch i'r ail drofa ar y dde,' ac yn codi'r fraich chwith i fyny!

A finna'm yn siŵr iawn ble i fynd, ac er mwyn gwneud yn siŵr, os honna 'di'r fraich chwith, p'run 'di'r goes dde!

Wel, rŵan 'ta, yn y Waun, Bodfari 'ma, ac yn holi,

'Peidiwch mynd,' medda hi, 'lle drwg ofnadwy. Dydi'r lori lo ddim yn mynd yna, na Calor Gas, na dim byd.'

A finna' rhyw siarad ac yn symud yn ara,

'Mae'n rhaid i mi fynd, ma' rhywun yn wael iawn.'

A dyma hi'n deud mewn iaith glogyrnaidd,

'Hymns above my boy, don't go, you'll go over the ochor to tragwyddoldeb.'

Dyna'r tro cynta yn y 'mywyd i i neb ddangos cyfeiriad tragwyddoldeb i mi.

Ca'l 'y ngalw i fynd â chymeriadau cefn gwlad o Fynydd Hiraethog yna, a 'dach chi'n gwybod cystal â finna bod 'na nifer o gwestiynau'n cael eu holi pan 'dach chi'n mynedfa'r ysbyty. A'r hen gyfaill yma yn ofnus, yn gofyn faswn i'n mynd hefo fo,

'Dwi'm yn llawar o Sais,' medda fo.

Wyddoch chi, tydio ddim yn iawn yng Nghymru bob rhaid i bobol fod yn ofnus o siarad Saesneg. Dyla bod pawb trwy Gymru gyfan mewn swyddi cyfrifol yn medru'r ddwy iaith . . . ac nid cynt na fydd yr iaith yn fatar o fara a chaws, fydd 'na ddim llwyddiant ar yr iaith. Ma' rhaid iddo fo ddod i hynny. A hwn yn gofyn i mi faswn i'n mynd hefo fo.

'Mi ddo i, dwi'm yn llawar o Sais, ond mi ddo i i'ch cynorthwyo chi.'

A beth bynnag i chi, dyma fynd at y ddesg – *'Name'*; *'Address'* – gwybod yn iawn, dim isio cymorth o gwbwl. *'Next of kin,'* dipyn bach o drafferth, isio gwybod y perthynas agosaf, iawn, deu'tho fo. *'Date of birth,'* gwybod i'r dim pryd o'dd 'di dŵad i'r hen fyd rhyfadd 'ma 'chi. A'r cwestiwn wedyn, *'What religion are you?'* A 'sach chi'n synnu gymint sy'n cochi ac yn cloffi wrth drio atab hwn. Dy'n nhw'm 'di bod mewn lle o addoliad ers cymaint o amsar, 'dyn nhw'm yn siŵr i ba enwad y perthynant, os o gwbwl. Boed hynny fel y bo, ma'n gwestiwn hyd heddiw, *'What religion are you?'* A hwn wedi ffwndro dipyn bach 'dach chi'n gweld. *'What religion are you?'* A dyma fo'n deud,

'Cefn Berain.'

A dyma'r Sister yn gofyn i mi,

'What religion is that?'

A finna'n deud,

'I think it's a branch of the Ecumenical Movement.'

Na'i byth anghofio'r ateb i'r cwestiwn nesaf, *'Occupation.'*

'I look after my master's sheep,' medda fo.

Bugail oedd o. A rhyw leithder yn llygaid y Sister,

'How sweet of him,' medda hi, *'he's a shepherd.'*

'Yes,' meddwn i, *'and I wonder how many times Ministers*

have been faced with the same question and the reply has been "Minister of so and so denomination" or "Clerk in holy orders". Not one of them. "I look after my Master's sheep".

Hen frawd arall o gefn gwlad yn mynd am driniaeth.

'Ddoi di hefo fi, dydw i ddim yn llawar o Sais ysti.'

A dyma gŵr y gôt wen yna, a deud,

'*If the heat becomes unbearable*,' medda'r dyn 'ma, '*ring this bell*,' a rhoid y gloch iddo fo.

'Be ddudodd o dwa?'

'Wel os bydd y gwres yn annioddefol, ma' isio chi ganu'r gloch.'

'Fydda i'n siŵr dduw o wneud,' medda fo.

Tawelwch llethol, ac ymhen amser ychi, dyma'r gloch yn canu, a dyma gŵr y gôt wen yn deud,

'*What's wrong, what's wrong?*'

'*This is too* poethoffrwm diawl,' medda fo.

Mynd â hen wreigan o gefn gwlad eto i'r ysbyty, a'r gŵr yn teithio efo hi, ag o'dd y brif ward yn orlawn, o'dd 'na'm lle iddi. O ganlyniad bu'n rhaid 'i gosod hi mewn *side ward*, ymha un yr o'dd na glaf arall 'dach chi'n gweld. A fysach chi'n taeru ma' dyn o'n y gwely, oblegid o'dd hi 'di torri'i gwallt yn union 'fath â dyn. Ma'i 'di newid 'bach heddiw, ma' lot o feibion ma'n torri'u gwalltiau 'fath â merched. Ag oni bai bo fi'n gwybod yn wahanol beth o'dd dan dillad, faswn i'n taeru mai dyn o'dd yn y gwely, 'de. A gadael hi yno, a mynd adra efo'r hen ŵr, ag o'n ista'n tu blaen yr ambiwlans, a fedrwn i'n fy myw gael sgwrs hefo fo, dim bw na be. A ma' fi'n codi'i galon,

'Duwch does dim isio bod yn ddigalon, dydi'r wraig yn un o sbytai gora'r wlad 'ma.'

'Dwi'm yn ama hynny, ond i be' ddiawch o'dd isio rhoid hi yn y ward efo'r hen ddyn 'na dudwch,' medda fo.

Yndi, mae dwyieithrwydd yn bwysig, oherwydd mi es a rhyw greadur i'r clinig a deud,

'Fedra i ddim aros amdanoch chi, ma' gen i alwad arall i wneud, ddo i heibio chi mewn rhyw awr a hanner.'

A'i adael o yna. A galw mewn rhyw awr a hanner, ond do'n 'na'm hanas amdano fo yn lan byd, a 'ma fi at y Sister,

'*You know that patient,*' meddwn i fel'na, '*I can't find him anywhere.*'

'*Neither can I,*' medda hi, '*I've searched the place for him.*'

'*That's strange, where's he gone to.*'

'*Well I told him to go the laboratory,*' medda hi, '*and stay there until I come there for him.*'

Ag mi o'n i'n mynd i chwilio am y *lavatory* 'de, a dyna lle'r oedd o'n ista ar yr orsedd hefo tocyn ne' rwbath.

O'n i ar y ffordd adra ryw bnawn Sadwrn ychi, a dyma neges wrth Ffordd Las, Glan Conwy yn deud bod 'na ddamwain erchyll, a faswn i 'di mynd heibio oni bai am y neges, roedd hi o fewn rhyw chwarter milltir ne' lai i mi. O'n i yno mewn dim amser, ag yno y gorweddai dyn a lori 'di mynd dros 'i gefn o. O'dd o'n anymwybodol, ag o'ddwn i mewn cyfyng gyngor beth i'w neud. A beth bynnag i chi, dyma ymgeleddu, a rhaid penderfynu pa un 'ta i Llandudno neu i Rhyl o'dd o i fynd. Llandudno llawer iawn nes, ond mi benderfynais fynd â fo i'r War Memorial yn Rhyl, er bod o'n bellach, oherwydd o'n i'n gwybod bod 'na offer orthopedig arbennig yn fan'no. Fu'n anymwybodol am dros bythefnos, a fûm i'n holi cryn dipyn sut o'n dod ymlaen. Pryderu yn 'i gylch o. Do'n i'm yn nabod o, fynta ddim yn 'y nabod inna. Roedd o'n anymwybodol.

Wel, mi ddôth ato'i hun a mi benderfynais y baswn i'n mynd i'w weld o, a ysgwyd llaw, siarad efo fo.

'Dwi'm yn 'ych nabod chi,' medda fo.

'Na, 'dach chi'm i fod i nabod i,' meddwn i, 'ond i'm rhan i y daeth y ddyletswydd i'ch ymgeleddu chi y Sadwrn hwnnw.'

A dyma ffrwd o ddagrau ac yn ysgwyd llaw. Wyddoch chi beth ddwedodd o?

'O'n i'n meddwl mod i'n nabod y llais.'

Ma' raid bod llais yr ymgeleddwr wedi mynd i'r isymwybyddiaeth, ac wedi dod i'r wyneb drachefn. A rhyw amgylchiadau fel'na oedd yn hybu rhywun ymlaen i gyflawni'r gwaith.

Ewadd annwyl, mae'r ddiod gadarn wedi bod yn gyfrifol i ngalw fi allan lot iawn. Yw, annwyl ydi. Melltith cymdeithas, waeth i ni wynebu o ymlaen, mae o. A'r tŷ arbennig yma, o'dd y wraig wedi ceisio hunanladdiad, o'na o gwmpas wyth o blant yna, ac es i mewn i'r tŷ. O'dd o'n ista mewn cadair, rhes o boteli cwrw o gwmpas 'i draed fel ffendar, plant bach yn mynd i mewn aç allan, a'r rhai hyna'n paratoi pac 'u tad. O'r amgylchiadau yn drist a thrychinebus. Edrych i lawr oeddwn i a gweld dim byd ond rhes o boteli cwrw a thân oer oedd ar yr aelwyd, a gwaeth 'na hynny o'dd tân y teulu bron diffoddi. A digwyddais edrych i fyny ar y silff ben tân, a wyddoch chi beth welais i? Rhes o dystysgrifau Ysgol Sul. 'Na chi gontrast. Pam? Am bod 'na rhyw athro neu rhyw weinidog yn gydwybodol gredu trwy wersi yr Ysgol Sul a hyfforddiant yr Ysgol Sul, bod yna obaith i arbed y plant rhag dilyn esiampl y tad. Peidied neb yn Nhan y Bwlch y bore 'ma a difrïo swyddogaeth athro neu athrawes Ysgol Sul. Dwi'n deud yn ddi-dderbyn wyneb fod y swyddogaeth cyn bwysiced ag unrhyw swydd athro neu athrawes ysgol ddyddiol. Os nac ydi'r gymdeithas wedi'i ffrwyno â'r Gristnogaeth 'di'm yn gymdeithas gwerth i fyw ynddi.

Wyddoch chi, ges i ngalw i warchod Dug Caeredin, y fi o bawb! Oedd o wedi dod i agor Coleg Technegol yn Llandrillo-yn-Rhos, ag o'dd o 'di dod efo hofrennydd, ac o'n dod i Barc Eirias, Bae Colwyn, a dwi'n siŵr 'mod i 'di ca'l 'y ngwahodd i gyflawni'r dyletswydd o'i warchod o gan gymaint 'y niddordeb yn y teulu.

A chlywch ar y gwahoddiad a'r gorchymyn,

'Report at Eirias Park at zero nine hundred hours. Bring flask and sandwiches with you. Remain on radio watch and

conceal yourself well behind the trees 'till your services are required'.

'Chi'n gweld, pan dach chi a fi yn sâl ma'n rhaid 'ni ffonio a disgwyl am y doctor, disgwyl yr ambiwlans. Pan mae'r teulu brenhinol yn y gymdogaeth, rhaid i'r ambiwlans fod yno rhag ofn 'ddo fynd yn sâl. A wyddoch chi *'flask and sandwiches'*, a'r Dug a'i gynffongwn yn gwledda'n fras yn y Ganolfan Ddinesig. *'Conceal yourself behind the trees'.* Mae o'n atgoffa fi o'r hen Sacheus . . . un bychan o' hwnnw 'nde. A mi ddringodd hwnnw i ben y goedan er mwyn ca'l gweld Tywysog Tangnefedd yn mynd heibio, a'n uchel fraint i o'dd ymguddio rhag i mi weld tad tywysog Cymru. Ne' rhag iddo fo 'ngweld i!

Faint sy' 'ma bore 'ma sy'n cofio Llwyd o'r Bryn? Dwi'n cofio fi'n teithio efo'r ambiwlans rhwng Dimbach a Threfnant am y Rhyl, a pwy o'n cerddad wrth Trefnant yn fan'na ond Llwyd o'r Bryn. Het yn dolcia i gyd, côt dros 'i ysgwydd, cetyn a mwg yn modrwyo'n las i'r awyr, a dyma fi'n tynnu i fyny.

''Rargian fawr, John Cwm,' medda fo, 'lle ti'n mynd?'

'Dwi'n mynd i Rhyl. Lle 'dach chi'n mynd?'

'I Lysfaen i ddarlithio heno,' medda fo, 'ond dwi'n mynd i styby Alexandria, mae'r hen Bob Traean yn sâl 'no.'

'Wel duwcs, dwi'n mynd i ysbyty Rhyl rŵan. Dowch i mewn.'

Ac i mewn â fo, ei gôt a'i getyn ychi.

"Rargian fawr, ches i rioed reid mewn ambiwlans o'r blaen,' medda fo.

A chyrraedd y Rhyl rŵan, a *'Silence please'* ar y parwydydd 'ma, a finna'n deud yn garedig rŵan,

'Dwi'm yn siŵr gewch chi ymweld,' meddwn i wrtho fo, 'oherwydd dydi ddim yn oriau swyddogol.'

'Twt, twt, twt, paid â phoeni dim, nabod yr hen Fetron yn iawn, hen hogan o Fetws Gwerful Goch ydi,' medda fo.

A mewn ychi, a fel fysa petha'n bod y diwrnod hwnnw yn y coridor, pwy o'dd mewn cadair olwyn 'n ca'l 'i wthio gan nyrs a'r portar, ond Bob Traean wedi bod yn ca'l tynnu'i lun yn yr X-ray. Dyma Bob Lloyd yn y 'ngadal yn sefyll a rhedag i lawr y coridor 'ma, a chofleidio Bob Traean, a'r nyrs a'r portar 'ma 'di dychryn am 'u hoedal, a finna'n trio egluro 'de. Dyma ni'n gwthio 'mlaen ac at y giatiau, giatiau'n agor i'r lifft, cau.

'Argian fawr, 'dan ni fel Daniel yn ffau y llewod fa'ma.'

Ac yno y gadewais i nhw i gofleidio a chyfarch 'i gilydd, o hyfryd goffawdwriaeth.

Ew, fyddwn i'n mynd i aelwydydd a'r henoed yn byw ar ben 'u hunain, fyddwn i'n helpio nhw i bacio. A'r hen wraig yma ar ben 'i hun, a'r unig un o'r miloedd nes i gludo, oedd hi'n mynd â'i Beibl hefo hi i'r hospital, o'dd hi'n mynd â llyfr hymns a llun 'i thad a'i mam. 'Nach chi *gomprehensive case.'* 'Te. Ewadd, ia.

'Diolch yn fawr i chi machgian i am helpu fi. Gweddïwch

chi drosta i, a neiff Duw edrych ar 'ych ôl chitha,' medda hi. *Comprehensive case.*

Galwad ym mis Mehefin crasboeth i Wytherin, a hen frawd ar 'i hyd yn y gwely fan'no. Dyma fi'n tynnu'r blanced, a dyw o'dd gynno fo sanau am 'i draed yn 'i wely! A dyma fi'n deud,

'Duwch annwyl, rhaid i mi dynnu'ch sanau chi. Waeth i mi'u tynnu nhw 'ŵan, na tynnu nhw eto. Tynnu nhw fydd raid i chi.'

Dyw, na, ddim isio tynnu nhw. A sgwrsio a dal i dynnu, a wyddoch chi be' ddois i o hyd yng ngwadna'r sanau? Tatws wedi'u sleisio! Ia wir. I beth? 'Sna rywun am ddeu'tha i?

Llais o'r gynulleidfa: Llosg eira.

Nage.

Llais arall: Clymau chwithig.

Ia.

'Be aflwydd ma' rhein yn dda,' meddwn i.

'Dyw ma' nhw'n betha da drybeilig am glymau chwithig,' medda fo.

Ia, glywis i rioed mohono na chynt na wedyn. Rhyfedd 'de. Fyddwn i'n mynd i Lerpwl a Manceinion 'chi, a hen bobol wedi blino cyn cyrraedd yr ysbyty doeddan. Yn enwedig, oedd o'n bellach 'radag hynny, cyn iddyn nhw neud y ffyrdd 'ma. A rhes o gwestiynau gan yr hen sbeshalist 'ma yndê. A'r hen foi ma'n gofyn nifer o gwestiynau,

'*How old are you Mr Williams?*' medda'r arbenigwr 'ma.

'*I am seventy-five. How old are you doctor?*' medda fo.

Wel, yn swyddogol, ychi, pan dach chi'n mynd i glinig, does gan berthnasau ddim hawl i fynd efo'r claf, dim ond mewn amgylchiadau arbennig pan ma' rhywun yn ddall, neu'n fud neu'n fyddar. O'dd dyn ambiwlans yn edrych heibio os o'dd 'na le, ond y diwrnod arbennig dan sylw o'dd yr ambiwlans yn llawn, ag o'n i'n cymryd y gŵr yma. O'n i'n troi at y wraig 'ma o'dd yn arfar dŵad,

'Ma'n ofid calon gynna i, fedra i ddim mynd â chi heddiw. Dwi'n llawn,' meddwn i fel'na.

A dyma hi'n codi'i bys. Wyddoch chi, neith cradur o ddyn godi'i ddyrnau, a 'na i ddim cynhyrfu llawar, ond pan mae'r rhyw deg yn codi'i bys, fydda i'n mynd fel jeli.

'Drychwch chi yma, dwi 'di gwneud llw o flaen allor eglwys i edrych ar ôl Llew tra fydda i, a 'dach chi na neb arall yn mynd i'n rhwystro fi.'

Ac i mewn â hi, bag an bagej.

'Oer i rewi, oerach i feirioli,' meddan nhw. A rhyw wyth o'r gloch rhyw fore, o'n i mewn stryd boblogaidd iawn yn Llanrwst 'na, ac o' 'na wraig allan yn 'i choban. S'dim rhaid i mi ddeu'tha chi mod i'n gradur swil wrth natur, o'n i'n meddwl well i mi fynd ati hyd yn oed yn 'i choban, wrth bod hi'n wyth o'r gloch bora.

'Bora da,' meddwn i fel cyfarchiad agoriadol.

'Bore da wir, bora diawledig, ma'r dŵr 'di dod drw'r seiling ar 'y ngwely fi,' medda hi.

Hen wraig 'mhell dros 'i phedwar igian, wedi torri'i braich ac yn cymryd diddordeb anghyffredin yna i, a da' hi ddim i'r tu ôl. O'i isio ista'n tu blaen efo fi.

'Be' 'di'ch enw chi, os ga i fod mor hy a gofyn?' medda hi.

'John Hughes,' medda fi.

'O ble 'dach chi'n dod?'

'O Langernyw.'

'Faint o blant sy' gynnoch chi?'

'Yw, sgynna i'm gwraig, heb sôn am blant,' medda fi. Do'n i ddim 'di priodi, nid nad o'dd hynny'n amhosibl, ond do'n i ddim 'di priodi ar y pryd.

'O!' medda hi, 'hen lanc 'dach chi felly.'

'Ia siŵr,' meddwn i.

'Ma'ch mam yn fyw,' medda hi.

'Yndi.'

'Ew, da 'machgan, gwnewch chi'n fawr o'ch mam,' medda hi, 'a deallwch chi hyn. Byddwch chi'n ofalus, oherwydd ma'r fam sy' o'r hen amser yn well na'r wraig orau sy' ar ga'l heddiw.'

Wel, yn Nhachwedd un naw chwech chwech, dwi 'di cadw er coffadwriaeth, y tocynnau 'ma, es i gynhadledd yn

Westminster Hall, Llundain, cynhadledd Cynghorau Bro Cymru, a Lloegr am wn i. Ac roedd 'rhen hogiau wedi blino, rhai'n cysgu yn y gynhadledd, a gyda'r nos, ro'dd 'na goctel parti yn Bishop Partridge Hall, a do'n i rioed wedi bod mewn coctel parti yn 'y mywyd. A meddwl fasa'n beth doeth, duwiol a da i mi fentro, ac o'dd y print yng nghornal y ticed: *'Evening dress, with or without decoration'*. A do'dd gynna i 'run o'r cyfryw bethau, ond o'n i'n meddwl bod y brethyn gwlad yn ddigon derbyniol, ac felly a'th yr hen hogia. Glamp o neuadd fawr, fwy na'r un hofal y gwelwch chi sy'n porthi'r anifeiliaid 'ma, a silffoedd o gwmpas y welydd, a phlatiau'n llawn o gnau – a rheiny 'di'u halltu – a'r mwya o gnau o'ch chi'n gnoi, fwy o sychad o'n ca'l 'i greu. A phobol y gymdeithas côt cynffon gwennol 'ma a thei glöyn byw, a merched bach dymunol, defnyddiol, dengar, potal ymhob llaw:

'What will you have, sir?' 'What will you have, sir?'

Y peth tebyca welsoch chi i fugail yn diwallu ŵyn llywaeth. Dylanwad yr yfad ddim llawn mor debyg, 'de. O'ddan nhw'n mynd i lawr fel puls, ychi, a fu'r Doctor Ifor Davies, Cerrigydrudion a fi am awr yn ymgeleddu nhw. A dyma *'What will you have, sir?'* heibio ni, a dyma ni'n deud,

'We'll have a few soft drinks for a few wise men'.

Wel, cynadledda wedyn y diwrnod dilynol yn Westminster Hall, a'r ail noson o'na coctel parti arall, yn Kensington Palace Hotel, y tro yma. Ag o'n i'n deud, wel os dyna be 'di coctel parti, ti 'di bod yn y cynta' a'r ola'. Ag o'n i 'di clywad bod 'na wasanaeth yng nghapel Bedyddwyr Castle Street, Llundan y noson honno, i goffáu plant bach Aberfan. A dyma fi'n deud wrth y werin bobol o'dd hefo fi,

'Dwi'm yn mynd i'r Kensington Palace Hotel, i'r coctel parti 'ma, dwi'n mynd i'r capal os fedra i ga'l hyd iddo fo. Dwi rioed 'di bod yn'o fo, s'na i'm syniad lle mae o.'

'Ddown ni hefo ti.'

A dyma gychwyn 'ŵan chwilio am y lle, a beth bynnag i chi, holi yn Saesneg yndê yn Llundan, yn y Saesneg gorau fedrwn i, a Chymro yn atab cofiwch. Bachgan o sir Fôn yn aelod yn yr union gapal o'n i'n chwilio amdano. Beth 'di peth fel'na? Duw mawr yn cyfarwyddo'i blant rhag mynd i'r diffeithwch drachefn.

'Dowch mewn digon o bryd, fydd hi'n llawn heno,' medda fo.

Roedd yn dechra' am saith. Reit. A mynd o gwmpas, a mi 'nelson ni ar gyfar hanner awr 'di chwech, a mi wnes i rywbeth na dwi rioed 'di neud chynt na chwedyn, sefyll mewn ciw i fynd i'r cysegr. Rioed 'di gneud hynny o'r blaen. Y lle'n orlawn, o'dd yr arglwyddi 'na, yr aelodau seneddol 'na, gweision y frenhines yn ista ar lawr y capal, a gweision y Brenin yn y pulpud. W. P. John, y diweddar, a Gwyn Thomas dwi'n meddwl o'dd y pregethwr, ag o'dd yr amgylchedd a gwlith Aberfan yn drwm cyn agor y gwasanaeth, a Gwyn Thomas yn agor 'i destun, 'Oni edifarhewch, chwi oll a ddifethir yr un modd.' 'Na chi destun addas. Cysgod o'dd Aberfan i'r hyn all ddigwydd os oeddan ni'n chwarae ac erchylltra bom. Mewn gair nes i wrthod *'reception of spirits'* Kensington Palace, a derbyn *'spiritual reception'* yn Castle Street, Llundan.

Wel, ma'r amsar yn mynd, a rhaid i minna' fynd i'r un cyfeiriad.

Danfon rhyw hen frawd o'dd wedi bod yn ddall ers blynyddoedd, adra, ro'dd 'di bod i ffwrdd – dim ond am bythefnos o'dd o 'di bod i ffwrdd. 'I wraig hefyd yn ddall. Ac wrth fynd ag o i mewn i'r aelwyd, y peth cynta' ddwedodd o, 'Lle rwyt ti'n nghariad i? Dydw 'i'm 'di dy weld ti ers pythefnos.'

Dach chi'n gweld hi? Y gwir ydoedd nad oeddan nhw 'di gweld 'i gilydd cyn belled â llygad o gnawd, ers blynyddoedd. Ond roedd amgylchedd a chariad yn llosgi yng nghalon y naill a'r llall yn tanio llygad ffydd, nes eu galluogi nhw i weld 'i gilydd ar waetha'r dallineb llygad o gnawd.

Doedd yr alwad nesa' 'ma ddim yn alwad frys. O'dd 'na lythyr o'r ysbyty wedi dod yn rhestru'r angenrheidiau o'dd o i fynd efo fo. Byw ar ben 'i hun, wedi colli pob diddordeb, dim ymgeledd na dim byd. Ag o'n i'n meddwl ma' peth da fydda mynd trwy'r rhestr rhag ofn iddo adael rhywbeth ar ôl. I Wrecsam roedd o i fod i fynd, o ganol Mynydd Hiraethog 'na.

'Ydi'r tacla siafio gynnoch chi?'

'Yndyn, ma' nhw'n y sach 'ma.'

Y sach, nid cês.

'Ydi'r sebon a lliain a 'tha felly gynnoch chi?'

'Ma' nhw'n y sach 'ma', medda fo.

A fel o'n i'n mynd i lawr y rhestr, roedd ei dymheredd o'n codi, a dyma fi'n mynd ymlaen.

''Di'r brwsh dannadd gynnoch chi?'

'Brwsh dannadd diawl, sgynna i ddim dannadd, heb sôn am frwsh!'

Wel, cyrraedd Wrecsam ychi, ag ynta ar y glud, a'r hen goridor mawr 'ma'n mynd yn llwybr hirgul yn y pellter.

'O's isio mynd i fan'cw?' medda fo.

'Oes.'

'Dyw, 'swn i'n gwybod, faswn i 'di dod â meic efo fi', medda fo.

Wel rhaid dirwyn i ben, ma'r amsar yn mynd. Ond dwi'n diolch am y cyfla ges i o gymdeithasu a chynorthwyo'r bobol 'ma, y bobol 'ma y dois i wyneb yn wyneb â nhw yng nghanol stormydd enbyd bywyd. Diolch am hindda yng nghanol y ddrycin, ac yn enwedig am y rhai oedd yn gallu gwenu yn y gawod. Rhein o'n rhoi ysbrydiaeth i mi, a hebddyn nhw fasa bywyd yn swrth ac yn faich. Ma' 'na adnod yn yr Apocrypha 'na, 'Anrhydedda'r meddyg, ac anrhydedd dyledus iddo, oherwydd bod yn rhaid wrtho ef, oblegid oddi wrth y Goruchaf y daeth meddyginiaeth, ac efe a gaiff ogoniant gan y brenin.'

A ma'r cyfan yn ca'l 'i gloriannu dwi'n meddwl yn hyfryd o dlws yn y delyneg,

Ymlwybra gwagenni i fyny ac i lawr
Wrth gludo y meini o'r mynydd,
A hyn sydd yn glws ym Mhenmaenmawr
Mae'r gwagenni yn helpu'i gilydd.
Y wag ar i fyny a'r lawn ar i lawr,
Dyna yw'r drefn ym Mhenmaenmawr.

Os llawn wyt o gyfoeth y mynydd fry
Rho help i arall i ddringo,
Y lawn er ei rhwysg fydd yn wag yn y man
A beth pe bai ti fydd honno.
Helpwn ein gilydd i fyny ac i lawr,
Cofiwn wagenni Penmaenmawr.

Diolch yn fawr.

John Hughes
Tan y Bwlch 1989

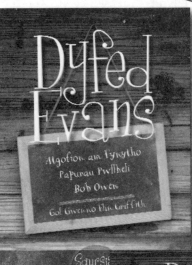

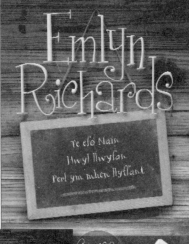

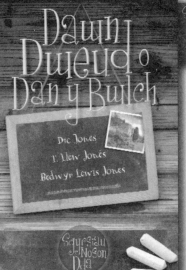